Von Volksfeinden,
Geisterschiffen und
First Class Terminals

Für Ebba, Ines, Kim, Lena und Matti

Lasse Bremsteller

Von Volksfeinden, Geisterschiffen
und First Class Terminals

-

Kleine und große Geschichten
aus der Reporterschublade

*Bibliografische Information der Deutschen National-
bibliothek:*

*Die Deutsche Nationalbibliothek verzeichnet diese
Publikation in der Deutschen Nationalbibliografie;
detaillierte bibliografische Daten sind im Internet
über http://dnb.dnb.de abrufbar.*

1. Auflage

© 2014 Lasse Bremsteller

Lektorat: Matthias Wirth

Herstellung und Verlag:

BoD – Books on Demand, Norderstedt

ISBN: 978-3-7357-4090-8

Inhaltsverzeichnis

Prolog   **9**

Ach ja, Singapur   **13**

Die Banalität des Erhabenen. Ortstermin zwischen Nadelstreifen und Badeentchen im First Class Terminal der Lufthansa in Frankfurt.

Erik, der Sündenbock   **19**

Mehr als zwei Jahrzehnte lang wurden die Brände auf der 'Scandinavian Star' einem Dänen in die Schuhe geschoben. Zu Unrecht.

Achtet auf Feuer!   **37**

Nach dem Absturz einer Eastern Airlines-Tristar soll die verstorbene Cockpitbesatzung in anderen Jets herumgegeistert sein.

Wie ich es mir vorstelle   **46**

Synchronwunder Christian Brückner und kein Ende. Eine Polemik zum Elend der Nachvertonung fremdsprachiger Filme für das deutsche Publikum.

Notizen zu einer kurzen Reise in den Iran April/Mai 2004   **51**

Erlebnisse, Eindrücke und kleinere Überraschungen während einer zehntägigen Pressereise durch den Staat, der Homosexuelle aufhängen und Ehebrecher steinigen lässt.

Kolchose in der Nahaufnahme 102

Eine kuriose Taxifahrt im alten sowjetischen Wolga zum Flughafen von Riga. Sie endet mit einem Aha-Effekt.

Persönlicher Feldzug 106

Estonia-Katastrophe (1): Spiegel-TV-Reporterin Jutta Rabe inszenierte sich als unerschrockene Expertin. Bis Chefredakteur Stefan Aust genug davon hatte.

Eine unerwünschte Reportage 115

Estonia-Katastrophe (2): Als der NDR einen Film drehte, bei dem die Meyer-Werft nicht gut davon kam, rückten die Schiffsbauer beim NDR an. Resultat: Der Film landete im Giftschrank.

Magic Mushrooms in Suppen 125

Beobachtungen zwischen durchgeknallten westlichen Wohlstandskids auf der Full Moon Party am Haad Rin Beach auf der Insel Ko Phangan im Golf von Thailand.

Carry n' Cash 129

Wenn Sparkassen und Banken mit dem Daumen nach unten zeigen, springt eine Behörde als Kreditgeber ein: Besuch im ältesten öffentlichen Leihamt Deutschlands in Augsburg.

Tribut in Tüten 136

Technischen Marineschule Neustadt in Holstein. Eigentlich soll bei dem Lehrgang zu maritimen Notsituationen der Ernstfall geprobt werden. Wenn da nicht die dusseligen Freizeitkapitäne wären.

Der Volksfeind   **144**

Die Geschichte hinter der Geschichte von Odd F. Lindberg. Weil er Wahrheiten aussprach, wurde er aus der norwegischen Heimat vertrieben. Ein persönlicher Rückblick auf eine Ambivalenz.

Besatzung bestens konserviert   **204**

Kein Mann an Bord: Die Geschichte ist voll von Geisterschiffen. Bis heute treiben sie auf den Weltmeeren herum.

Weltniveau mit anderen Mitteln   **215**

Zackzack, und wehe dem, der beim Zahlen nicht spurt - Besuch im Ferienparadies an der Ostsee, der Lübecker Bucht.

Der siebte Kleine Feigling   **220**

Wenn alles dunkel erscheint und sonst keiner mehr zuhört: Einblicke in den schweren Alltag eines Telefonseelsorgers.

Man bräuchte einen Mord   **225**

Wahrnehmungen während einer viertägigen Reise auf dem Göta-Kanal zwischen Stockholm und Göteborg.

Sie weiß es nicht   **235**

Begegnung mit Vu. Einst gehörte sie zu den Boatpeople, die aus Vietnam flohen. Dann kehrte sie in ihre Heimat zurück.

Diego gibt Gas   **249**

Das legendäre Käfer-Taxi in Mexico City. Eine Fahrt zwischen Nostalgie und Anspannung .

Vorwort

Ein Dienstagmorgen im Juli. Ich sitze in unserem Garten. Ein herrlicher Sommertag, es soll heute richtig heiß werden. Die Vögel erzählen sich seit halb vier Geschichten. Wenn nicht gerade der Straßenverkehr in der nahen Allee zischend, knatternd oder dröhnend lärmt, hört man das sanfte Rauschen des Windes durch den Wald. Das ist tagsüber eher selten der Fall. Mein Smartphone verrät mir neuerdings auch, wer sich da gerade wieder über mir mit weißen Kondensstreifen und einem wattigen Grummeln empfiehlt: Eine Air France nach Seoul zum Beispiel, oder eine SAS von Kopenhagen nach Paris. Oder eine Aeroflot auf dem Weg nach Amsterdam. Und so weiter. Die Welt besteht aus lauter Zielen, selbst über mir.

Das war auch bei mir lange so. Viele Jahre lang war ich als Reporter unterwegs. Dann veränderten sich meine Lebensumstände. Aber auch die Branche hat sich geändert, und dadurch sind vielfach auch die Bedingungen andere, unter denen heute der Beruf des Journalisten und Reporters ausgeübt werden muss. Weil gespart wird. Eigentlich überall. Redaktionen bestehen heutzutage häufig nur noch aus Rumpfredaktionen. Und aus den entlassenen Redakteuren sind weitere Konkurrenten auf dem Markt der freien Journalisten geworden, die sich gegenseitig die immer schlechter bezahlte Arbeit wegnehmen. Der Zeitungsforscher Horst Röper ist nicht der Einzige, der inzwischen davon abrät, den eigentlich doch wichtigen Beruf des Journalisten zu wählen.

Natürlich war früher nicht alles besser. Aber der eine oder andere Verlag nahm noch richtiges Geld in die Hand, und investierte in einen Journalismus, der Geld verlangt. Weil guter, fundierter Journalismus meistens mit hohen Kosten verbunden ist.

Heute ist manchem Medienunternehmen durch das Internet *das Geschäftsmodell abhanden gekommen*. Nur ganz wenige Internet-Publikationen verdienen wirklich Geld, denn Werbeeinnahmen setzen astronomische Besucherzahlen, Klicks, voraus. Und die gibt es höchstens bei Internet-Auftritten, die durch ihren Namen ein Versprechen abgeben, das sie, bei Lichte betrachtet, aber oft nur schwer einlösen können oder wollen. Und wer spart, muss auf billige Lösungen zurückgreifen: *copy 'n' paste* wurde schnell zum stehenden Begriff im Bereich des Internet-Journalismus – auch wenn es das gegenseitige Abschreiben natürlich schon vorher gegeben hat, und nicht alle Medienschaffenden über einen Kamm geschoren werden dürfen.

Es stimmt einen indes schon sehr nachdenklich, wenn man heute dem Treiben zusieht. Wenn etwa Leser wie selbstverständlich eigenhändig für Inhalte sorgen, indem sie zum Beispiel ihre angeblichen Reiseerlebnisse in E-Mails an die Redaktionen hämmern, deren Redakteure dann das Ganze sammeln und als Buch veröffentlichen, und – jetzt kommt's: – - ihre eigenen Namen darüber setzen. Oder wenn anderswo Leser gerne und für wenig Geld als Mitmach-Fotoreporter auftreten, indem sie mit dem eigenen Foto-Handy Bilder machen von den kleinen großen Tragödien des Alltages wie einem brennenden Bus, oder von Menschen, die von einem Hausdach zu springen drohen.

Wie ist es um eine Medienlandschaft bestellt, in der so etwas inzwischen gang und gäbe ist? In der, kleines Beispiel am Rande, ein sogenannter Chefreporter nicht erklären kann, warum sein Reisepass die Einreise in die Länder, aus denen er gerade berichtet haben will, nicht bestätigt. Wo die Erklärung doch so einfach ist.

Es geht um Geld. Aber nicht nur. Es geht auch um Haltungen. Ein ehemaliger Chefreporter einer ARD-Anstalt, der kurz vor der Pensionierung stand, beklagte sich mir gegenüber schon vor vielen Jahren darüber, wie die Nachrückenden immer weniger von Chefs etwa einer Schraubenfabrik zu unterscheiden seien. Dass es nur noch um Zahlen gehe, und nicht mehr um Inhalte, um das Setzen von Themen. Und er ist beileibe nicht der Einzige, der die Medienbranche mit großer Sorge betrachtet. Manch einer hat längst resigniert.

Was kaum verwundert. Denn gute Zeitungen, die einmal einen Anspruch formulierten, wie die *Financial Times Deutschland,* wurden bereits aufgegeben, oder leben, wie die *Frankfurter Rundschau,* nur noch als Etikett weiter. Anderswo werden Redaktionen (Gruner + Jahr-Verlag) zusammengelegt, Stellen überall gestrichen. Und die Öffentlichkeit, die nicht gerade regelmäßig zu später Stunde das ARD-Medienmagazin *Zapp* sieht, scheint entweder nichts davon zu merken, oder nichts davon merken zu wollen.

Wie sieht die Medienwelt von morgen aus, wenn dies so weitergeht? Werden wir uns demnächst nur noch in von Partikularinteressen gesteuerten, privaten Meinungs-Blogs informieren? Wird Journalismus nur noch per Crowdfunding weiterleben? Oder wird es demnächst eine Art GEZ-Gebühr geben müssen, damit bestimmte Medienbereiche überhaupt weiter existieren können?

Wir wissen es nicht. Es kommt auf die Nutzer der Medien an. Ob sie sich interessieren. Und wofür.

In diesem Buch habe ich zusammengestellt, was mich einmal abseits der Hauptarbeit als politischer Journalist noch so interessiert (hat). Es ist eine Auswahl an Reportagen und Berichten aus verschiedenen Jahren, in denen Verlage sich noch Journalismus leisteten. Die zusammengestellte Auswahl erschien unter anderem in der im Jahre 2002 eingestellten Hamburger Wochenzeitung *Die Woche*, in der einst renommierten Schweizer Wochenzeitung *Die Weltwoche*, bei *Spiegel-Online*, in der Zeitschrift *mare* oder auch in dem von mir von 2004 bis 2008 betriebenen Online-Portal *Expresso-Online*.

Es sind ein paar *schwerere* Themen darunter, etwa die sehr lange und sehr persönliche Aufbereitung meiner Begegnungen mit dem norwegischen *Volksfeind* Odd F. Lindberg, das Zusammentreffen mit einer Überlebenden der zum Himmel schreienden Boatpeople-Tragödien in Vietnam, oder auch der Kriminalfall rund um die Fähre *Scandinavian Star*.

Über manch andere Geschichte, wie die Fahrt auf dem Göta-Kanal, die Seenotübung oder die Taxifahrt in Riga werden Sie wahrscheinlich eher schmunzeln können, und die Notizen zu einer Iran-Reise oder meine beiden Nachbetrachtungen zur Berichterstattung über die *Estonia*-Katastrophe sicher interessant und aufschlussreich finden.

Viel Spaß beim Lesen wünscht Ihnen

Lasse Bremsteller

Ach ja, Singapur

Am Frankfurter Flughafen gibt es etwas, was sonst nur der Airport von Katar für angemessen hält: Ein eigenes Terminal für Passagiere der Ersten Klasse. Das Ambiente ist entsprechend gediegen und es herrscht ein gelassener Tonfall des selbstverständlichen Anrechts. Eine Stippvisite.

Ankunft, diesmal mit dem Audi, mein Nebenmann weiß für einen Augenblick wieder nicht, wo es heute hingeht. „Ach ja: Singapur", erinnert ihn sein PDA, jetzt weiß es auch Herr Kleinwort* wieder. Ein Telefonat nach dem anderen hat der Bankvorstand allein auf der Fahrt von Mainhattan hierher wieder führen müssen, alles Pflichttermine, was will man machen, alles wichtig, alles eilig, und jetzt also ab nach Singapur. Anfang letzter Woche ging es nach Chicago, die Woche zuvor nach Paris und Moskau, und davor mit Gattin nach Barbados.

Fünf Tage Urlaub beim Schwager. Der ist auch Banker. „Ich hatte ja vorher noch ein bisschen in Caracas zu tun", irgendein Abend auch in der örtlichen Industrie- und Handelskammer. „Sehr nett gewesen", weiß Dr. Kleinwort noch und lächelt jetzt bedächtig nach rechts: „Ah, da ist ja auch schon wieder meine Frau Schütte*." Und zum Fahrer, der einen Augenblick später einem weiteren Anzugträger Kleinworts Reisetasche übergibt: „Herr Schmidt - wir beide sehen uns dann wieder am Donnerstag, gleich in der Früh'." Frau Schütte ist eine Dame von Mitte Vierzig und trägt das übliche Lufthansa-Outfit.

Sie ist von nun an Herr Dr. Kleinworts *Personal Assistant*, bis der Herr Dr. Kleinwort zum Flieger aufbricht.

Dr. Kleinwort ist so etwas natürlich schon seit Jahren gewohnt. Es gibt einfach Dinge, die man zwar selbst erledigen kann. Aber nicht muss. Zumindest nicht unbedingt selbst. Vor allem nicht, wenn man bestimmte Möglichkeiten hat. So wie Herr Dr. Kleinwort hier am Frankfurter Flughafen, genauer: am *First Class Terminal*. Denn die 600.000 *Miles & More*-Punkte, die man benötigt, um als Mitglied des *HON-Circles* dazuzugehören, die schafft Dr. Kleinwort doch „mit links". „Holzklasse" ist der 59-Jährige im Übrigen schon seit Ewigkeiten nicht mehr geflogen. „Irgendwann mal zu Zeiten meines Studiums."

Manchmal muss er sich eben mal doch mit der Business Class begnügen, so wie andere auch, wenn sie bei Airlines landen wie der SAS, die einfach keine Erste Klasse mehr haben. „Es gibt, glaube ich, noch ein paar andere, die das nicht bieten." So genau weiß es Kleinwort dann auch nicht. Und er braucht es ja auch nicht zu wissen. Jedenfalls ist auch sein Ticket für den Abendflug nach Singapur, das ihm jetzt Frau Schütte abnimmt, um „den Herrn Dr." schon mal über ihren PDA einzuchecken, während dieser durch den Klingelbogen tritt, „für den richtigen Teil der Maschine" ausgestellt. Mehr braucht man nicht zu wissen. „Aber die anderen Teile sind genau so sicher", gibt Frau Schütte zu bedenken. „Sicher…?" Kleinwort versteht erst nicht recht. „Ach so", lacht er dann wie jemand, der gerade einen Witz für bare Münze genommen hat, „ja, das hoffe ich doch sehr." Denn selbstverständlich sind alle Menschen gleich viel wert. Irgendwie. „Platz vier B wie immer?" erkundigt sich Kleinwort sicherheitshalber, während sein Arm nicht gleich den Weg ins schwarze Sakko finden will. „Selbstverständlich, Herr Dr. Kleinwort", antwortet Frau Schütte. „Reizend", erwidert Herr Dr. Kleinwort.

Im November 2004 hat die Lufthansa auf 1.800 Quadratmetern Platz geschaffen für den Teil ihrer Kundschaft, für den entweder Geld im Allgemeinen oder der Preis eines Flugtickets im Besonderen (oder beides zusammen) keine allzu große Rolle spielen. Und der vor allem seine Ruhe haben möchte vor dem Plebs, den man sonst ja auch im Flugzeug wenigstens hinter einem Vorhang hinter sich lässt.

Stellung hat schließlich nicht nur etwas mit Männerklüngel und bester Bonität zu tun, sondern auch mit Ruhe, selbstverständlicher Ruhe, wie sie auch in Vorstandsetagen und auf *VIP-Floors* von entsprechenden Hotels herrscht. Eile ist hier deshalb ein Fremdwort, Schlange stehen erst recht, gefragt wird höchstens nach den Wünschen. Anspruch, der hier von niemandem in Zweifel gezogen wird. Wörter wie *Top-Kunde* und *Priority Check-In* gehören zum Standardvokabular wie der Dress Code, überhaupt *Priority* und überhaupt alles auf Englisch: *Valet Parking*, *Supervisor*, *Frequent Traveller* und so weiter und sofort. Wer sich hier eine der vier Duschen genehmigt, benützt diese nicht – er oder sie *frequentiert* sie. Beim einzigen *Wannenbad* ist der Stöpsel übrigens geschmackvoll in der Mitte eingebaut. Damit bei zwei Badenden keiner auf dem Stöpsel sitzen muss. Das kleine gelbe Quietsche-Entchen am Badewannenrand hat sich indes großer Beliebtheit unter den Gästen erfreut, so dass bei jedem Gang in das

Wannenbad auch ein neues Exemplar am Wannenrand wartet.

In der *Cigar Lounge* schwärmt ein Sales Manager in den Mittvierzigern im Dandylook, nach eigenen Angaben gebucht nach Kapstadt, vom *Rain Forest Tower*, den er sich gerade „gegönnt" hat. Das ist eigentlich bloß ein anderer Duschkopf, aber es klingt halt besser. „Ach, das tat gut." Dann spielt sein Nokia Nessun Dorma, und er antwortet mit: „Ja, bitte?"

Anderswo wird gelesen. Nicht irgendwas, sondern Geschäftsberichte, Wirtschaftsteile. Einschätzungen aus erster Hand. Irgendjemand glotzt Bloomberg. Eine Assistentin muss bei einem der Kunden passen: Kein *Focus* mehr weit und breit, sie bedauert sehr und ausdrücklich. „Das ist natürlich etwas ärgerlich, da gab es, glaube ich, irgendeinen neuen Vergleich: die 50 besten Anlageberater Deutschlands." Oder die 50 besten Cocktails? Keine Ahnung, jedenfalls irgendwas mit *die 50 besten*..."Na, dann geben Sie mir eben irgendwas anderes, Computerbild oder so was..."

Dem Dandy ist vor den erlesenen Snacks des Büfetts noch nach einem Grappa. Und auch Herr Dr. Kleinwort hat noch Zeit. Und am Büfett ist stets angerichtet, alles natürlich immer frisch und natürlich nur vom Feinsten und selbstverständlich ohne Knoblauch. Bitte. Kaum hat man sich an einem der weiß gedeckten Tische niedergelassen: „Was darf ich Ihnen zum Trinken bringen?" In der Bar soll es über 80 Whiskey-Sorten geben und vor allem Freitagabends hoch hergehen, *After Work Party* für diejenigen, die es zumindest im beruflichen Leben geschafft haben, und gleich First Class ins Wochenende fliegen.

Natürlich ist auch der Champagner gratis. „Probieren Sie mal den Salat mit den Flusskrebsen", sagt Kleinwort. "Da ist irgendein Gewürz dran." Irgendwo gibt sich jetzt ein Handy mit etwas Wagner zu erkennen. Vorhin fragte einer den anderen: „Und was spricht man denn so auf Hawaii?" Irgendwie sehe ich hier lauter Jochen Busses und Hans-Günter Martens. Jungs, die wie Dr. Heinz-Rüdiger Kleinwort irgendwann äußerlich groß geworden sind, teilweise sogar sehr groß. Brocken. Sehr groß und auch sehr früh alt. Kompetenz als Funktionäre der jeweiligen Branche, Garanten für wirtschaftlichen Erfolg auch außerhalb der Firma, Respekt mit Villa am Stadtrand, Opernbesuche, Kinder, wenn nicht schon längst erwachsen und angehender Rechtsanwalt oder Arzt, auf englischen Privatschulen. Zweitwagen nicht unter fünfzigtausend Euro.

Für alles ist vorgesorgt, auch für eine Scheidung oder den Tod nach dem fünften Herzinfarkt. Was ein Pfund Butter kostet, muss man hier nicht wissen. Auch wenn man ohne Weiteres zustimmen würde: das Leben wird immer teurer, und der Staat schröpft immer nur die Leistungselite. Als ob Geldverdienen etwas Unanständiges sei. Irgendjemand muss doch Geld verdienen. Sonst keine Investition und kein Konsum. *Linear-progessiver Tarif*, überhaupt *Progression*, Hoffnung auf eine vernünftige Regierung im kommenden Jahr.

Gut ist es immer, wenn man als erster Bescheid weiß. Zum Glück gibt's Foren auch für Vielflieger. Der Dandy hat sich dort den Tipp geholt, schon beim Einchecken im Zubringer aus Düsseldorf den *FCT-Abholer* in Frankfurt zu ordern. Anfragen von der Maschine selbst würden „oftmals negativ beantwortet." „Das ist sehr unschön", findet der Dandy, "aber leider Realität."

Auch das sind Sorgen.

Übrigens sind unter den rund 300 täglichen Gästen nicht nur austauschbare Vorstandsfunktionäre. Auch Familien mit Kleinkindern werden regelmäßig gesichtet, Mütter unter einer Burka, aber auch junge Sprösslinge aus gutem Hause auf dem Weg ins College. Hin und wieder taucht auch eine *Celebrity* auf, Popstars, Politiker, *Ins* und *Outs*, auch die Protagonisten des laufenden Schwachsinns.

„Darf ich bei Ihnen noch etwas nachschenken?"

Noch bleibt Zeit. Also keine Eile. Man könnte noch in Ruhe in den Taxfree-Shop gehen. Weniger wegen den Weinen und Spirituosen natürlich. Es gibt auch Mitbringsel. Handtaschen für sechstausend Euro oder Uhren für das Doppelte. Japaner und Araber kaufen hier schon mal im Dutzend billiger, heißt es.

Frau Schütte wird irgendwann ein weiteres Mal kommen und Herr Dr. Kleinwort wissen lassen, dass der Wagen bereitsteht. Zwanzig Limousinen stehen hier allzeit bereit. Meistens ist es S-Klasse, manchmal auch ein Porsche Cayenne. Auf der kurzen Fahrt zum Flieger wird Kleinwort meistens nach dem Befinden gefragt. Oder wie lange er denn diesmal weg sein wird. In der Regel sind es ja nur drei, vier, allerhöchstens fünf Tage. Es kommt schon mal auch vor, dass Kleinwort nur für ein paar Stunden über den Teich fliegt. Für ein Meeting.

Jetzt also Singapur. In ein paar Tagen ist er wieder hier. Man sieht sich.

*Namen geändert (2008)

Erik, der Sündenbock

In Århus lebt eine einsame Frau. Sie heißt Jette Irene Andersen und ist heute 64 Jahre alt. Vor bald 23 Jahren hat sie ihren Mann verloren und wurde dann auch noch Opfer einer kollektiven Gängelung. Viele Jahre lang war Jette nämlich für andere die Witwe eines Brandstifters, der 158 weitere Menschen mit in den Tod gerissen hat, und wurde deshalb mit sozialer Ächtung bestraft. Dass Erik Mørk Andersen damals überhaupt etwas mit dem Brand auf der *Scandinavian Star* zu tun hatte, war aber nicht nur für Jette unvorstellbar. Es ist nach Lage der Dinge schlechterdings unmöglich gewesen.

Es war am Freitag, dem 6. April 1990, als diese Geschichte ihren Lauf nahm. Die, die damals dabei gewesen waren und am Leben blieben, sprachen später von einem Schrottschiff, das da als luxuriöse, aber trotzdem preisgünstige neue Fährverbindung der DaNo-Linjen zwischen Oslo und Fredrikshavn an der Nordspitze Dänemarks angepriesen und beworben worden war. Es war von Anfang an eine sehr merkwürdige Geschichte.

Die Osterferien hatten gerade begonnen. Viele Familien mit Kindern an Bord. Und erst vor einer Woche war die *Scandinavian Star* in Dienst gestellt worden. Der Reeder wollte sich auf keinen Fall das lukrative Feriengeschäft entgehen lassen. Da spielte es offenbar keine Rolle, wenn an Bord des Schiffes, das vor Kurzem erst aus den Vereinigten Staaten herübergeholt worden war, hier und dort noch

Hand angelegt werden musste. Manche der renovierungsbedürftigen Kabinen waren noch nicht fertiggestellt, es fehlten viele Schlüssel, stellenweise hingen elektrische Leitungen aus der Decke. Anderswo fehlten Wegweiser, es gab Toilettenspülungen, die nicht funktionierten. Und so weiter. Erst drei Stunden später, als geplant, um 21.45 Uhr, legte die 19 Jahre alte, in Nassau auf den Bahamas registrierte Fähre schließlich ab. Der Zielhafen sollte am nächsten Morgen erreicht werden.

An Bord befanden sich rund 500 Passagiere, und auf der abendlichen Fahrt durch den Oslofjord bot sich zunächst das übliche Szenario einer Ost- und Nordseefähre: Hochbetrieb im Taxfree-Shop und in den Restaurants. In der Borddiskothek wurde getanzt und reichlich Alkohol ausgeschenkt.

Vier Stunden nach dem Ablegen, Mitten im Skagerrak unweit der schwedischen Westküste, stand die gut 141 Meter lange und fast 20 Meter hohe Fähre dann plötzlich lichterloh in Flammen. Und obwohl auf den um 02.22 Uhr von Kapitän Hugo Larsen abgesetzten Notruf hin Hilfe schnell zur Stelle war, verloren 158 Menschen vor allem durch den blausäurehaltigen Qualm, der sich im Schiffsinneren ausgebreitet hatte, ihr Leben. Ein weiteres Opfer verstarb eine Woche später im Krankenhaus.

Der Havarist wurde in den kleinen Fischereihafen Lysekil bei Uddevalla geschleppt. Und schnell zählte damals die Weltpresse eins und eins zusammen: Ein unter so genannter Billigflagge fahrendes Schiff, das nicht einmal über eine Sprinkleranlage verfügte. Feuermelder, die abgestellt worden waren, um angeblich häufig durch Betrunkene ausgelöste Fehlalarme zu verhindern. Ferner: Eine aus verschiedensten Nationalitäten kurzfristig über eine Agentur in Hongkong angeheuerte Besatzung, die erst Tage zuvor im Schnellverfahren und ungenügend für den Notfall ausgebildet worden war, und die sich auf Grund von Sprachproblemen untereinander kaum verständigen konnte. Zustände, wie man sie sich bestenfalls auf einem Seelenverkäufer des Mittelmeers oder inmitten der Philippinen hatte vorstellen können. Und am wenigsten im perfektionistischen Norden Europas.

Doch das allein erklärte noch nicht, wie das Feuer an Bord der *Scandinavian Star* überhaupt hatte entstehen, geschweige denn, wie es sich derart schnell hatte verbreiten können. Tagelang waren die örtlichen Einsatzkräfte damit beschäftigt, die Leichen der Verbrannten und Erstickten aus dem Schiff zu bergen, die vor allem in den Kabinen und Kabinenfluren vorgefunden wurden: Während die einen im Schlaf von dem tödlichen Gas erwischt worden waren, hatten andere noch vergeblich versucht, orientierungslos durch den sich immer stärker ausbreitenden Qualm den Weg an Deck zu finden: Mütter mit Kindern in den Armen, Paare, Alleinreisende, Alte, Junge.

Schnell stand für die Mitarbeiter der Spurensicherung fest, dass die Passagiere der *Scandinavian Star* Opfer einer Brandstiftung geworden waren. Der Rest blieb aber ein Rätsel. Ein Rätsel, das seit inzwischen mehr als zwei Jahrzehnten die skandinavische Öffentlichkeit beschäftigt, besonders an Jahrestagen die eine oder andere Zeitungsseite füllt, oder Gegenstand von Fernsehdokus ist.

Es blieb und bleibt ein Rätsel, das auch Leuten wie Agne Knutsson nicht mehr aus dem Kopf geht.

Knutsson ist heute achtzig Jahre alt, ein großer hagerer Mann, ein stiller nachdenklicher. Er war damals bei der Kriminalpolizei, und leitete am Kai von Lysekil die Spurensicherung. Knutsson hadert noch heute mit dem Fall. Der Rentner hat in seinem zurückliegenden Berufsleben als Kriminalist so manchen Tatort besichtigt und so manchen Toten gesehen. Und auch wenn die *Scandinavian Star* natürlich schon von der schieren Größe und dem Ausmaß her alles in den Schatten gestellt hat, was sich Knutsson davor und danach zu Gemüte führen musste - das war es alles nicht: Nicht der Allgemeinzustand eines Schiffes, das schon vor dem Brand ziemlich marode gewesen sein musste, und trotzdem von den Behörden die Zulassung zum Auslaufen erhalten hatte. Nicht die mysteriösen Matratzenfunde in Treppenaufgängen, die merkwürdigen Holzpflöcke in Brandtüren, die Gasflaschen, die an Deck gefunden wurden.

Agne Knutssons Hader trägt auch im Jahre 2013 einen Namen: Erik Mørk Andersen aus Århus in Dänemark – Jette Andersens Mann. Der damals 37-Jährige hatte eine Vergangenheit gehabt, die sich eignete. Er war nicht nur einer, der so seine Probleme hatte mit sich und seiner Umwelt. Er war nicht nur einer, der hier und da schon mal angeeckt war, und ein paar verrückte Dinge getan hatte: Erik Mørk Andersen war schon mal von einem Gericht verurteilt worden – wegen Brandstiftung. Der Mann aus der Mitte Jüttlands war sozusagen ein Täter nach Maß, der Traum von einem perfekten Sündenbock vor allem für eine damals unter Erfolgsdruck stehende Osloer Polizeibehörde.

Agne Knutsson staunte damals, als er der Presse entnehmen konnte, wie die Geschichte an Bord der *Scandinavian Star* nach Meinung seiner norwegischen Kollegen gelaufen sein sollte: Der fortan in norwegischen Gazetten als „der Däne" geführte Andersen sei in der Brandnacht beim Kontaktversuch in der Borddiskothek mehrfach bei den Damen abgeblitzt und habe daraufhin in einem Anflug von blindwütiger Raserei als erstes seine Kabine zerlegt. Zeuginnen wurden benannt, die Andersen dann zur Tatzeit dabei beobachtet haben sollten, wie er eine Treppe von jenem dritten Schiffsdeck herauffrannte, aus dem wenige Augenblicke später die Flammen schlugen. „Wir haben den Täter gefunden", verkündete der Osloer Polizeichef Willy Haugli und bezeichnete es – ungewöhnlich genug - als „ausgeschlossen", dass „jemand anderes als der Däne" als Urheber des Brandes in Frage kommen könne. Und der Leiter der Sonderkommission, Kriminalkommissar Øyvind Thorkildsen, sekundierte genau so öffentlich: Die Sache sei aufgeklärt, ein für alle mal.

Agne Knutsson hat immer genau gearbeitet, das verlangte sein Beruf von ihm. Er hat Beweise präsentiert bekommen, die dann vor Gericht nicht standgehalten haben. Er hat erlebt, wie Indizien nicht halten konnten, was sie zunächst versprachen. Und so staunt Agne Knutsson heute noch, was den Kollegen in Oslo damals unter anderem zum Beweis für Andersens Schuld reichte: Eine fehlende Rolle Toilettenpapier zum Beispiel, und ein aus der Verankerung gefallenes Waschbecken im Bad von Kabine 530, in der man Andersen vorfand. Knutsson schüttelt auch heute noch den Kopf: „Die Rolle kann doch irgendwann verschwunden sein. Das beweist gar nichts. Und die Waschbecken waren in vielen Kabinen nur notdürftig mit Holzdübeln verschraubt worden. Das kann sich von selbst aus der Wand gelöst haben."

Eine, wenn nicht sogar die entscheidende Rolle spielte damals offenbar die Zeugenaussage der Dänin Lise Møller Pedersen aus Kolding, die Erik Mørk Andersen aus Sicht der Osloer Ermittler endgültig als den alleinigen Täter überführte.

Jahre später las die Frau zum ersten Mal das Protokoll ihrer Aussage bei der norwegischen Polizei nach, und staunte nicht schlecht über das, was die norwegische Polizei ihr da in den Mund gelegt hatte. Und als Møller Pedersen ein Foto von Andersen gezeigt bekam, mit dem sie Jettes Erik identifiziert haben soll, fiel die *Scandinavien Star*-Überlebende endgültig aus allen Wolken: „Das ist eine Riesenschweinerei. Die haben den Namen Erik Mørk Andersen erst, nachdem ich das Protokoll unterschrieben hatte, eingesetzt. Ich habe diesen Mann noch nie zuvor gesehen, da bin ich mir hundertprozentig sicher."

Warum man sich trotzdem auf den gelernten Kraftfahrer versteifte, der mit einem Kollegen einen Anhänger nach Dänemark zurückbrachte, und der nur deswegen in letzter Minute an Bord kam, weil auf den anderen Fähren kein Platz mehr zu bekommen war, es bleibt nicht nur aus Sicht von Agne Knutsson mindestens eine erlaubte Frage.

Brandexperten der schwedischen Gutachterfirma Pantektor bilanzierten später in ihrer Expertise nicht weniger als sechs Brände, die an völlig verschiedenen Orten und zu völlig verschiedenen Zeitpunkten auf der *Scandinavian Star* ausgebrochen waren - der Letzte war erst im Hafen von Lysekil ausgebrochen - 13 Stunden nach der Entdeckung des ersten Feuers. Andersen war zu diesem Zeitpunkt nachweislich längst tot.

„Wenn er die letzten Brände nicht hat legen können, was spricht dann dafür, dass er für die ersten verantwortlich ist?" fragt Brand-Ingenieur Pierre Palmberg heute noch.

Irgendetwas war sehr, sehr merkwürdig an diesem Brand auf diesem sehr merkwürdigen Schiff. Und mit dieser Besatzung war auch etwas sehr merkwürdig. Davon kann auch Ingvar Brynfors ein Lied singen. Der Graubärtige ist inzwischen auch ein Mann von 75 Jahren. Er war damals Einsatzleiter der Göteborger Feuerwehr und mit seinen Spezialeinheiten im Morgengrauen mit Helikoptern auf dem Havaristen abgesetzt worden. Brynfors ist noch heute fassungslos über das Verhalten jener Besatzungsmitglieder der *Star*, die zuvor an Land wiederholt darauf bestanden hatten, zurück auf das Schiff geflogen zu werden, um mit ihrem Spezialwissen bei den Löscharbeiten zu assistieren. Vor allem das Trio aus zwei Offizieren und einem Maschinisten bereitet dem damaligen Einsatzleiter Ingvar Brynfors noch heute Kopfzerbrechen.

So wurde Brynfors und sein Team von dem deutschen Maschinenchef Heinz S. und dem dänischen Chefelektriker Hans R. mit der Auskunft verblüfft, dass die schiffseigenen Brandpumpen nur dann in Betrieb genommen werden könnten, wenn zuvor die Lenzpumpen abgeschaltet würden. Da der acht Schiffsdecks aus dem Wasser ragende Havarist zu diesem Zeitpunkt etwa zehn Prozent Schlagseite hatte und den Offizieren zufolge ab zwölf Grad zu kentern drohte, entschied sich Brynfors deshalb zunächst für das Abpumpen.

„In dieser Zeit konnte natürlich nicht gelöscht werden, und die Feuer flammten immer wieder auf", sagt Brynfors heute. „Später wussten wir, dass wir ins Gesicht angelogen worden waren. Das Schiff verfügte in Wahrheit über drei unabhängig voneinander arbeitende Pumpsysteme." Dass ausgerechnet die beiden technischen Offiziere und der philippinische Maschinist dies nicht gewusst haben sollen, kann sich nicht nur Brynfors nicht vorstellen.

Als dann während der schließlich einsetzenden Löscharbeiten immer wieder genau jene Stahltüren zufielen, die zuvor von den Brandbekämpfern mit Holzkeilen gesichert worden waren, um ein Abknicken der Löschschläuche zu verhindern, schwante den schwedischen Rettungskräften, dass hier irgendetwas nicht mit rechten Dingen zuging. „Die haben meine Männer und mich kaltblütig einer direkten Gefahr ausgesetzt", schimpft der pensionierte Feuerwehrmann noch heute. „Man hat doch moralisch die Talsohle erreicht, wenn man so etwas macht."

Brynfors erinnert sich wie heute: Wie später das gelöschte Schiff in Lysekil festgemacht worden war und aus der Tiefe des Schiffes heraus, wie aus dem Nichts, plötzlich eine letzte, gewaltige Feuersbrunst ausbrach und die Fähre in ein finales flammendes Inferno verwandelte. „Wir haben unseren Augen nicht getraut. Wir waren mit dem Schiff doch schon längst fertig gewesen."

Agne Knutsson hat sich unzählige Male die Fotos angeschaut, die die ausgebrannte *Scandinavian Star* von innen darstellen. Eines dieser Fotos zeigt auf dem verrußten „Deck Fünf" ein Rohr, das zuvor aus der Verankerung gerissen worden war. Es gehörte zur Hydraulik der Rampe des Autodecks. Daneben erkennt man die Überreste verkohlter Matratzen. Der Brandbericht kommt zu dem Schluss, dass zunächst eine Matratze angezündet, und dann die Hydraulik in Betrieb genommen wurde. Die Hydraulikpumpe spritzte dann mit hohem Druck große Mengen Öl in die Flammen.

„Das war eindeutig das Werk von Vollprofis, die genaueste Kenntnisse von dem Schiff hatten", sagt Pierre Palmberg. „Ein einzelner kann so ein Rohr überhaupt nicht bewegen. Da müssen mehrere Leute ran, mit entsprechender Ausrüstung."

Dass überhaupt Experten am Werke gewesen sein müssen, zu diesem Ergebnis kamen auch norwegische Sachverständige im Juni 2004, nachdem im Hafen von Bergen auf dem baugleichen Schwesterschiff der *Scandinavian Star*, der für die Reederei Color-Line fahrenden *Jupiter*, ein aufschlussreiches Experiment durchgeführt wurde. Zwei Brandschutztüren, die normalerweise geschlossen sein müssen, um ein schnelles Ausbreiten von Bränden zu verhindern, waren nämlich in der Brandnacht auf der *Scandinavian Star* mit einem Holzkeil und einem Holzbalken offengehalten worden. Überlebende hatten außerdem zu Protokoll gegeben, dass unmittelbar nach Ausbruch des ersten Hauptfeuers das Belüftungssystem im Inneren der Fähre plötzlich auf Hochdruck gearbeitet habe. Was dies praktisch bedeutete, konnte auf der *Jupiter* eindrucksvoll nachgestellt werden: Luftballons folgten, wie von Geisterhand gezogen, exakt jenem Weg durch das Schiff, den 14 Jahre zuvor auch das Feuer auf der *Scandinavian Star* genommen hatte.

„Wie bei der Hydraulikpumpe konnte nur ein Spezialist wissen, auf welchem Deck in welchem Raum an welchem Gerät welcher Knopf gedrückt werden musste, damit plötzlich Luftdruckverhältnisse ausgelöst werden konnten, wie sie sonst vielleicht in einem Kamin zweckmäßig sind", sagt Terje Bergsvåg. „Da wurde systematisch vorgegangen."

Terje Bergsvåg ist in Norwegen so etwas wie das Gesicht des Widerstandes gegen die Unlust der Behörden des Landes, zum Beispiel der Frage nachzugehen, warum ausgerechnet ein gewisser Erik Mørk Andersen über ein derart detailliertes Spezialwissen hätte verfügen sollen. Und warum überhaupt so wenig Fragen gestellt wurden. Der 53-Jährige aus Bergen, dessen Freunde ihre Tochter auf der *Star* verloren haben, hat mit Gleichgesinnten seit Mitte der neunziger Jahre Polizeibehörden, Staatsanwälte auf Trab gehalten, mit sehr naheliegenden Fragen wie etwa jener, warum offenbar bei keinem der Ermittler die Alarmglocken geläutet haben, als jenes abgerissene Hydraulikrohr später nicht mehr untersucht werden konnte. Schiffsoffizier S. wird in den Osloer Polizeiakten mit den Worten zitiert, dass er das wichtige Beweisstück abgebaut habe, um es „in einem anderen Bereich des Schiffes" zu verwenden. Die Ermittler nickten diese abenteuerliche Darstellung des Deutschen ebenso ab, wie dessen Erklärung dafür, warum er die letzten drei Seiten aus dem Maschinentagebuch herausgerissen hatte, einem Dokument, das Auskunft über die Menge an Treibstoff und Hydrauliköl gibt und an dem jede nachträgliche Änderung mit Unterschrift testiert werden muss. Laut Protokoll brauchte er die drei Seiten als Vorlage, „um in einer Buchhandlung ein neues (Maschinentagebuch) zu kaufen, da das alte bald vollgeschrieben sei".

„Dass S. längst als Tatverdächtiger zu sehen war, und nicht etwa als unbeteiligter Sachverständiger, auf diese Idee kam die Osloer Polizei offenbar nicht", sagt Bergsvåg.

Kaum verwunderlich deshalb, dass erst recht nicht der Frage nachgegangen worden war, wer denn überhaupt ein Interesse daran gehabt haben konnte, die *Scandinavian Star* anzuzünden. Dies hätte freilich vor allem im Nachforschungsbereich dänischer Behörden liegen können, waren sie doch mit der Untersuchung der Eigentumsverhältnisse an der Unglücksfähre betraut worden. Stutzig hätte die dänischen Behörden vor allem machen müssen, dass direkt nach dem Brand im Skagerrak gleich zwei Parteien öffentlich behaupteten, Besitzer des Todesschiffes zu sein: Der dänische Reeder Henrik Johansen und die amerikanische Reederei Sea Escape.

Das 1971 auf der französischen Dubigeon Normandie-Werft unter dem Namen *M/S Massalia* gebaute Schiff hatte in fast 20 Jahren Betrieb diverse Eigentümer und Umbauten erlebt, bevor es genau eine Woche vor dem Unglück 1990 unter dem Namen *Scandinavian Star* von der auf den Bahamas Sea Escape Ltd. registrierten Reederei übernommen wurde.

Das Schiff, das erst zwei Jahre zuvor einen Maschinenbrand knapp überstanden hatte, wechselte für einen – angesichts des Alters des Schiffes - erstaunlich hohen Preis von 10,3 Millionen Dollar den Besitzer. Noch am selben Tag, dem 30. März 1990, wurde das Schiff für noch erstaunlichere 24 Millionen Dollar versichert – also für mehr als das Doppelte des Kaufpreises. Wenige Tage später gehörte der betagte Pott plötzlich wieder jemand anderem: Henrik Johansen.

Johansen war dänischen Behörden indes kein Unbekannter. Im Februar 1990 wegen des Verkaufs einer anderen dänischen Fährlinie zu einem ansehnlichen Gewinn vor Steuern von 250 Millionen dänischer Kronen gekommen, benötigte der Unternehmer für seinen Jahresabschluss noch eine ordentliche Investition. Und die *Scandinavian Star* sollte das erste von mehreren Fährschiffen sein, die Johansen übernehmen würde. Der angebliche Preis der *Scandinavian Star*: astronomisch anmutende 21,7 Millionen Dollar.

Wie sich der Wert der fast 20 Jahre alten Fähre binnen Wochenfrist mehr als verdoppeln konnte, fragten sich dänische Polizeibehörden und Gerichte später offenbar genau so wenig wie, ob dieser Preis tatsächlich jemals von Johansen und seiner neu gegründeten Firma K/S Scandinavian Star, die die Da-No-Linjen betreiben sollte, je bezahlt wurde, oder ob es sich hier letztlich nur um ein Steuersparmodell der abgekarteten Art gehandelt haben könnte.

Irgendwie gehörte das Schiff in der Unglücksnacht also bereits dem neuen Betreiber. Aber irgendwie auch wieder nicht. Denn Henrik Johansen konnte trotz seines kürzlich erzielten Gewinns urplötzlich nicht den Kaufpreis bezahlen. Noch nicht. Dies sollte dann angeblich in der darauffolgenden Woche passieren. Wie bei einem Autokauf per Überweisung, bei dem der Händler oder Vorbesitzer bis zum Eingang des Kaufpreises den Fahrzeugbrief einbehält, verfügte die amerikanische Sea Escape deshalb auch weiter über die wertvolle Versicherungspolice und blieb damit auch der rechtmäßige Eigentümer der *Scandinavian Star*. Und wenige Tage, nachdem im westschwedischen Fischereihafen Lysekil das Todesschiff endgültig gelöscht und die letzte Leiche von Bord gebracht worden war, kassierte Sea Escape deshalb auch schon die 24 Millionen Dollar aus der erst knapp zwei Wochen zuvor abgeschlossenen Versicherung.

Ein merkwürdiger Deal, ein fragwürdiges altes Schiff, ein mysteriöser Brand und - 14 Millionen Dollar Gewinn. Doch trotzdem hatte keiner der zuständigen Ermittler Fragen: Der große Reibach der Akteure hinter Sea Escape bot weder für dänische noch für norwegische Behörden Anlass zu näheren Nachforschungen.

„Auszüge aus dem Schiffsregister der Bahamas und diverse Expertisen und Korrespondenzen weisen zum Zeitpunkt des Unglücks eindeutig Sea Escape als Eigentümer aus", sagt Bergsvåg. Doch Dänemarks Rechtssystem stellte sich taub, und verurteilte statt dessen den Betreiber Henrik Johansen und seinen Direktor Ole B. Hansen wegen der mangelnden Sicherheitsausstattung an Bord der Katastrophenfähre zu jeweils sechs Monaten Haft. Und während Hansen bis zur Verjährung der Strafe in Spanien untertauchte, saß neben Johansen auch der Kapitän der Unglücksfähre, Hugo Larsen, brav seine halbjährige Gefängnisstrafe ab, zu der ihn der Oberste Gerichtshof Dänemarks 1993 wegen seiner fahrlässigen Schiffsführung verurteilte hatte.

Die auffällige Nachlässigkeit der dänischen Strafverfolger verschaffte der klammen Sea Escape nicht nur einen willkommenen Geldsegen. Es verschonte die Amerikaner vor allem vor Schadensansprüchen der Opfer und Angehörigen, die in den USA beträchtlich höher sind als im kleinen Dänemark. Auffälligkeiten und Ungereimtheiten, die nicht überall mit Achselzucken zur Kenntnis genommen wurden.

„Wir sind um zwei Milliarden Kronen geprellt worden", schimpft Mike Axdal aus dem dänischen Korsør. Der bullige Mann von fünfzig Jahren, der in der Unglücksnacht an Bord der *Scandinavian Star* gewesen ist und durch den Brand seinen mitreisenden Vater und einen Bruder verloren hat, ist sozusagen das dänische Pendant zu Terje Bergsvåg und kämpft genauso wie der Norweger seit vielen Jahren darum, die Hintergründe des *Scandinavian Star*-Brandes ans Licht zu bringen. Nach Sichtung Tausender Unterlagen und Dokumente ist Axdal genauso wie Terje Bergsvåg, der ehemalige Kriminalkommissar Agne Knutsson, Feuerwehrmann Ingvar Brynfors und Brandingenieur Pierre Palmgren davon überzeugt, dass sich hinter dem Brand, den ein Toter nicht gelegt haben konnte, in Wahrheit ein von langer Hand geplanter Versicherungsbetrug verbirgt, der bis heute weder von den dänischen noch den norwegischen Behörden untersucht, geschweige denn aufgeklärt worden ist.

Und während sich die Osloer Polizeibehörden Jahre lang nach Kräften bemühten, ihre Blamage zu vertuschen, behauptet die dänische Justiz bis heute, dass neue Erkenntnisse über die Hintergründe des 23 Jahre zurückliegenden Brandes nicht zu erwarten seien. Die Dinge seien aufgeklärt, heißt es noch heute auf Anfrage hin aus dem Kopenhagener Justizministerium.

Weder die wechselnden Minister noch ihre Beamten beeindruckte eine überraschende Wende vor fast acht Jahren, als ihr Landsmann Mike Axdal nämlich in Norwegen gegen die Sea Escape-Versicherung Skuld vor Gericht zog, um die Eigentümerverhältnisse an der *Scandinavian Star* in der Brandnacht juristisch klären zu lassen, und in diesem Zusammenhang auch gegen die Berechnung der Hinterbliebenenansprüche zu weitaus niedrigeren dänischen Tarifen zu klagen.

Die Anwälte der Versicherung bestätigten bei jenem Gerichtstermin im Mai 2005 gleichermaßen bündig wie überraschend, dass die *Scandinavian Star* selbstverständlich stets in amerikanischem Besitz gewesen sei – also auch in der Nacht zum 7. April 1990.

Das lässige Auftreten der Gegenseite war indes leicht nachzuvollziehen. „Die Schadensansprüche waren 15 Jahre nach dem Brand inzwischen verjährt", sagt Axdal. „Genauso lange hatte die dänische Justiz indes stets das glatte Gegenteil behauptet." Ein Umstand, der den norwegischen Amtsrichter Johan Berg dazu veranlasste, den dänischen Polizeibehörden ein Armutszeugnis auszustellen: Die von Reeder Johansen gegebenen Auskünfte seien „nie hinterfragt, sondern unkritisch übernommen worden".

„Dabei hätte es genug Anlass zur behördlichen Recherche gegeben", sagt Terje Bergsvåg. „Die *Scandinavian Star* war keineswegs das erste Schiff, das in der Obhut einer illustren Gruppe von Geschäftsleuten zu Schaden kam. Schon ein einziger Blick in die

Datenbank der US-amerikanischen Verkehrssicherheitsbehörde NTSB hätte die Ermittler stutzig machen können und müssen."

Tatsächlich war sechs Jahre vor dem *Star*-Brand die *Scandinavian Sea* mit 946 Passagieren an Bord vor Port Canaveral in Florida aus rätselhaften Gründen und nach der Evakuierung in Flammen aufgegangen und dann – wie später die *Scandinavian Star*, zum Totalverlust (Constructive Total Loss) erklärt worden. Nur fünf Monate später erwischte es die *Scandinavian Sun*. Auf der *Scandinavian Sky* brannte es 1986 auf dem Weg von Cancun nach Port of Tampa. „Die Namen der Katastrophenschiffe klingen nicht nur zufällig ähnlich, sie wurden auch von den selben Akteuren betrieben." Allein die Namen der Reedereien änderten sich.

Ursprünglich wurden die Schiffe von der Scandinavian World Cruises Ltd. betrieben, ehedem eine Tochtergesellschaft der dänischen Reederei *DFDS*, die noch heute in Nordeuropa und dem Ärmelkanal durch das sogenannte Kurzkreuzfahrtengeschäft bekannt ist und bis 2002 die Fähre zwischen Hamburg und Harwich betrieben hat. Aus der Scandinavian World Cruises Ltd. wurde später die Sea Escape Ltd. und dann die International Shipping Partners (ISP).

Das aus Skandinavien importierte Kurzkreuzfahrtengeschäft floppte, und ein Konkurs drohte den nächsten zu jagen. Viele Jahre lang sind dänische und norwegische Journalisten der Frage nachgegangen, was dann offenbar passierte: Innerhalb eines schier undurchschaubaren Netzwerks aus Firmen, die teilweise in Miami und auf den Bahamas beheimatet waren, wurden günstig alte Schiffe erworben und diese dann an verschiedene Betreiber ausgeliehen. Praktischerweise wurden auch gleich die Besatzungen geliefert und die Versicherungen abgeschlossen. Gelegentlich trat dann eben der Versicherungsfall ein. Bergsvåg und seinen Mitstreitern liegen Besatzungslisten vor. Es finden sich dort immer wieder Namen, die auch auf der Crew-Liste der *Scandinavian Star* stehen.

„Bei der *Scandinavian Star* sollte es eben genauso laufen", sagt Terje Bergsvåg. „Und es lief ja auch genauso, mit dem Unterschied, dass dabei aus Versehen 159 Menschen ums Leben kamen."

Der renommierte norwegische Fernsehjournalist und Kriminalreporter Per Asle Rustad fragt sich bis heute, warum die norwegischen Ermittler und Strafverfolger gerade im Falle der *Scandinavian Star* so auffallend wenig Ehrgeiz gezeigt haben, die wahren Hintergründe zu ermitteln, und die mutmaßlichen Täter, die auch er in den Reihen der Besatzung vermutet, vor Gericht zu bringen. Rustad hat auch gleich die Antwort: „Es geht ums Prestige. Als Kriminalreporter habe ich es in all den Jahren in diesem Land immer wieder erlebt, dass bei Polizei wie Strafverfolgern Prestige mehr zählt als Gerechtigkeit."

Da passt es gut ins Bild, dass der gegenüber den Ermittlern gemachten Zeugenaussage von Solveig Ekerhovd keine weitere Bedeutung beigemessen wurde. Ekerhovd war in der Brandnacht als Rezeptionistin an Bord der *Scandinavian Star* gewesen, und hatte nach eigenen Worten gesehen, wie Heinz S. am Rande der offiziellen Vernehmung der Besatzungsmitglieder Tage nach der Katastrophe 800. 000 Norwegische Kronen in bar überreicht bekam.

Auf diesen Sachverhalt von der norwegischen Presse angesprochen, erklärte die Polizei, es sei nicht ihre „Aufgabe gewesen, die Herkunft von Schwarzgeldern zu überprüfen, sondern die Brandursache zu ermitteln".

Derweil machen Journalisten, die in Miami Fragen stellen wollen, seit Jahren die immer gleiche Erfahrung: Keine Antwort. Also auch keine Empörung, kein Widerspruch, kein Protest. Schweigen.

In Århus lebt derweil eine einsame Frau, die immer wieder das anonyme Massengrab besucht, in das die sterblichen Überreste ihres Erik eingelassen wurden. Sie möchte einfach nicht mehr als Witwe eines Brandstifters gelten. Und in Uddevalla lebt ein alter Kommissar, der wieder gerne nachts schlafen können würde.

(2013)

Achtet auf Feuer!

Vor 30 Jahren stürzte eine Tristar der Eastern Airlines im sumpfigen Marschland der Everglades bei Miami ab. Bilanz: Über hundert Tote, die Unfallursache: ein haarsträubender Pilotenfehler. **Flug 401 ging aber aus ganz anderen Gründen in die Luftfahrtgeschichte ein – wegen einer toten Cockpitcrew, die posthum zum Dienst erschienen sein soll.**

Es war ein milder Dezemberabend kurz vor Silvester 1972, und Flugkapitän Robert Loft war guter Dinge. Eastern Airlines-Flug 401 befand sich im Landeanflug auf den internationalen Flughafen von Miami. Mit 163 Passagieren und 13 Besatzungsmitgliedern war an jenem Freitag der erst vier Monate alte Großraumjet vom Typ Lockheed Tristar um 21.20 Uhr Ortszeit am New Yorker John F. Kennedy-Flughafen gestartet und sollte um kurz vor Mitternacht in der Metropole Floridas eintreffen.

„Willkommen in Miami", begrüßte Loft die Fluggäste vorab durch das Bordmikrofon, „die Temperaturen liegen um die zwanzig Grad, und es ist wunderschön da draußen."

Bis um 23.32 Uhr des 29. Dezembers schien die Welt an Bord des dreistrahligen, sogenannten *Whisperliners* mit der Registrierung N310EA noch in Ordnung. In diesem Augenblick ging Eastern 401 gerade in den unmittelbaren Landeanflug über. Als Copilot Albert Stockstill im nächsten Moment den Hebel zum Ausfahren der Fahrgestelle betätigte, fiel diesem auf, dass die grünen Lämpchen auf dem Armaturenbrett des Cockpits, welche das ordnungsgemäße Einrasten der diversen Reifenpaargestänge anzeigen sollen, im Falle des Burgrades dunkel blieben.

Ein Routinefall, im Fliegeralltag auch heutzutage nicht selten, die möglichen Ursachen derer zwei: Entweder war das Reifenpaar unter dem Cockpit tatsächlich nicht eingerastet, oder das Lämpchenpaar durchgebrannt. Stockstill betätigte den Hebel noch ein zweites Mal, doch die Anzeige blieb weiterhin dunkel, woraufhin Kapitän Loft den Tower über den Sachverhalt aufklärte und die Eastern-Tristar in 2000 Fuß Höhe in eine Warteschleife über den nächtlichen Everglades dirigieren ließ, um die Sache zu überprüfen.

Was sich dann in den folgenden Flugminuten ereignete, löste bei den späteren Unfallermittlern der staatlichen Luftaufsichtsbehörde NTSB *(National Safety Transportation Board)* vor allem Kopfschütteln aus: Robert Loft hatte zwar den Autopiloten so eingeschaltet, dass dieser das Flugzeug bei gleicher Geschwindigkeit auf selber Höhe hielt. Doch dann hatten sich offenbar beide Flugzeuglenker gleichzeitig ihrem normalerweise hinter ihnen sitzenden Flugingenieur Don Repo zugewandt, der nun durch eine Luke in ein Abteil unter der Flugzeugkanzel gestiegen war, um am dort befindlichen Fahrwerkschacht durch ein Guckloch zu überprüfen, ob das Fahrwerk nicht doch ausgefahren sein könnte.

Möglicherweise war einer der Piloten, mit dem Rücken zu den Instrumenten die Erkundungen des dritten Mannes verfolgend, versehentlich gegen das Steuerhorn gekommen, und hatte damit unbemerkt zwar nicht die automatische Steuerung ausgeschaltet, aber auf den so genannten CWS-Modus (Control Wheel Steering Mode) umgestellt, durch den der Autopilot zwar weiter arbeitet, nun aber auf Befehle vom Steuerhorn reagiert.

Die Schlussfolgerung der NTSB-Ermittler zur Absturzursache der Eastern-Tristar ist entsprechend kurz und bündig: Pilotenfehler. Mangels Überprüfung ihrer Instrumente und angesichts stockfinsterer Nacht war weder Robert Loft noch seinem Ersten Offizier Albert Stockstill aufgefallen, dass der Jet immer mehr an Höhe verloren hatte. Erst als Stockstill die Maschine kurz darauf in eine 180-Grad-Kurve lenken wollte, stellte dieser fest, dass irgendetwas nicht stimmen konnte.

„Wir haben irgendetwas mit der Höhe gemacht", hält der später geborgene Stimmenrekorder Stockstills Verwunderung fest. Worauf Loft antwortet: „Was?" Stockstill: „Wir sind immer noch auf 2000 Fuß, oder?" Lofts daraufhin folgender Ausspruch: „Hey – was passiert hier gerade?" bleiben die letzten Worte des mit fast 30.000 Flugstunden äußerst erfahrenen Kapitäns. Dann stürzt die Tristar mit einer Geschwindigkeit von 227 Meilen (ca. 365 km/h) im kontrollierten Flug in das sumpfige Marschland der Everglades, knapp 19 Meilen entfernt von der Landebahn 09 Links, auf der der Eastern-Jet eigentlich hätte aufsetzen sollen. Die Bilanz: 101 Tote, zwei Schwerverletzte starben kurze Zeit später. Es war der erste Absturz eines Großraumjets.

Nach Bergung der Opfer und Abschluss der Unfalluntersuchungen wurde das Wrack beseitigt. Das heißt: Die meisten Teile wurden irgendwann der Schrottpresse zugeführt, noch intakte Komponenten des jung verunglückten Fliegers indes an den Hersteller im kalifornischen Palmdale zurückgeschickt, der wegen der enormen Auftragslage und gleichzeitig kaum nachkommenden Zulieferern froh war, einige der Ausrüstungsgegenstände aus Bordküchen und Elektronik wieder verwenden zu können.

Diese Teile fanden sich deshalb kurz darauf vor allem in einem der späteren Schwestermaschinen der Unglücks-Tristar wieder, der Eastern Airlines-Maschine mit der Registrierung N318EA. Dem Flugzeug sollte in den kommenden zwei Jahren eine einzigartige Rolle zuteil werden: der als fliegendes Geisterhaus.

Kaum im Dienste der Airline, gaben sich an Bord der N318EA nämlich des Öfteren uneingecheckte Passagiere die Ehre, die aus natürlichen Gründen auf keiner Buchungsliste zu finden gewesen waren.

Sowohl Besatzungsmitglieder als auch Passagiere berichteten fortan über Begegnungen der unheimlichen Art mit Erscheinungen in Uniform – den Wiedergängern der bei dem Unglück in den Everglades ums Leben gekommenen Besatzungsmitglieder Robert Loft und seines Flugingenieurs Don Repo.

In mehr als 20 Fällen sollen die beiden Unglücksraben demnach sozusagen noch posthum zum Dienst erschienen sein – und damit freilich eher den diesseitigen Alltag an Bord eben vor allem jener N318EA-Tristar gehörig durcheinander gebracht haben.

So wandte sich eine Passagierin an die zuständige Flugbegleiterin - wegen des plötzlich auf ihrem Nachbarsitz erschienenen Mannes in Fliegeruniform, welcher sich dann angeblich vor den Augen der Passagierin, der herbeigerufenen Flugbegleiterin und anderer entsetzter Passagiere in Luft auflöste. Die Passagierin musste nach einem veritablen Nervenzusammenbruch schließlich von der örtlichen Polizei von Bord evakuiert werden. Als die Frau später eine Bildauswahl von Eastern-Angestellten vorgelegt bekam, identifizierte sie ohne zu zögern den eigentlich längst verblichenen Don Repo als den überraschenden Schweiger.

Auf einem anderen Flug wollen sowohl ein Kapitän als auch zwei Flugbegleiter mit dem längst verschiedenen Kollegen Loft gesprochen haben, bevor auch dieser sich vor ihren Augen verdünnisiert haben soll. Die verschreckte Crew ließ daraufhin kurzerhand den bevorstehenden Flug annullieren.

Ein Vizepräsident der Eastern traf angeblich Robert Loft, als er die Tristar nach Miami vor den übrigen Passagieren bestiegen hatte, und den Eastern-Kapitän in voller Montur in der ersten Klasse vorgefunden haben will. Doch statt die freundliche Begrüßung durch den Altvorderen zu erwidern, machte Loft sich wohl auch diesmal auf eine unerklärliche Weise davon. Eine schnell anberaumte Durchsuchung der Maschine förderte aber keinen weiteren Kapitän zutage.

Unsterblichen Diensteifer scheint aber vor allem der tote Flugingenieur Don Repo an den Tag gelegt zu haben. Etwa, als der regulär eingeteilte Kollege an seinem Arbeitsplatz überraschender Weise in seinem Sitz Ersatzpersonal vorfand, und Repo schnell erkannte.

"Du brauchst Dich nicht mehr um die Flugvorkontrolle zu kümmern", soll Repo dem verdutzten Mann mit auf den Weg gegeben haben. „Ich habe es bereits erledigt."

Hilfreich zur Stelle und emsig bei der Sache war der Tote wohl auch mehrmals in einer der Bordküchen, wo er einmal in flagranti beim Reparieren eines defekten Warmhalteofens erwischt wurde. Der Kollege im Cockpit insistierte darauf, sich auf jenem Flug weder in die Bordküche verirrt noch einen der Öfen angerührt zu haben.

Ein andermal will Flugbegleiterin Faye Merryweather an Bord der 318-Tristar Repos Kopf zur Abwechslung mal direkt in einem der Öfen gesehen haben. Ihr und einem hinzugeeilten Kollegen aus der Kanzel, der Repo im wahren Leben freundschaftlich verbunden gewesen sein soll, soll Repo den entsetzten Besatzungsmitgliedern eine hilfreiche Warnung zuteil worden haben lassen: „Achtet auf Feuer in diesem Flugzeug!" Kurze Zeit später versagte ein Triebwerk, als die Maschine gerade in Mexico-City startete, Minuten später fing ein zweites Triebwerk Feuer – der Pilot konnte die Eastern-Lockheed trotzdem noch sicher landen. Der Repo-Ofen wurde schnell ausgebaut und an den Hersteller zurückgeschickt.

Begrüßenswert schien am Ende auch die Vorhersage Repos an einen weiteren Kapitän zu sein, wonach alles gut werde: „Es wird keine weiteren Abstürze geben, wir werden das nicht zulassen." Wie zum Beweis scheint Repos Geist, dem Vernehmen nach, immer wieder bei Wartungs- oder Reparaturarbeiten gesichtet worden sein – einmal Mitarbeiter, immer Mitarbeiter.

Die angeblichen Auftritte der hilfreichen, im Zweifelsfalle zumindest nicht weiter störenden Spukflieger, waren im Laufe der Zeit nicht nur Thema an Kantinentischen der Airline, sondern stießen auch in der Luftfahrtwelt jenseits von Eastern Airlines auf wachsendes Interesse, zumal einige Eastern-Mitarbeiter offenbar gerne zum Thema Rede und Antwort standen. Die Geschichte über den „Geist von Flug 401" fand selbst im Branchenreport der *US Flight Safety Foundation* einen angemessenen Platz.

Als schließlich der Autor John G. Fuller im größeren Stil für ein Buch zum Thema recherchierte, wurde es den Eastern Airlines-Oberen endgültig zu bunt: Sie untersagten ihrer Belegschaft kurzerhand, sich zu dem Thema öffentlich zu äußern. Wer sich nicht daran hielt, dem drohte die fristlose Kündigung.

Ex-Astronaut und mittlerweile Eastern-Boss Frank Borman bezeichnete die angeblichen Erscheinungen, die auch in den Logbüchern festgehalten worden sein sollen, schlicht als einen „Haufen Blödsinn" und erwog, sowohl Fuller für seinen Bestseller (John G. Fuller: *The Ghost of Flight 401*, erschienen 1977 in diversen Verlagen) als auch die Produzenten eines gleichnamigen Fernsehfilms (1978, Regie: Steven Hilliard Stern, mit u.a. Ernest Borgnine und Kim Bassinger) wegen Geschäftsschädigung zu verklagen.

Borman ließ dies auf Anraten seiner Juristen am Ende lieber bleiben, denn zuvor war bereits die Witwe des armen Robert Loft vor Gericht gescheitert, Fuller wegen der Vermarktung der Tragödie und den Auftritt des Verstorbenen als Geist zu verklagen. Auch mehrere Berufungsverfahren konnten nichts daran ändern, dass ein „Öffentliches Interesse" an dem Fall der Eastern 401 bestünde.

Fuller will mit vielen Dutzend Eastern Airlines-Besatzungsmitgliedern und mindestens ebenso vielen Passagieren gesprochen haben, die die seltsamen Auftritte des verstorbenen Duos teilweise unabhängig von einander bezeugt haben sollen. Leider blieben sie fast alle namenlos.

Wann eigentlich die erste Erscheinung erschienen ist, und vor allem, wer sie wahrgenommen und wiedergegeben hat, scheint nie feststellbar gewesen zu sein. Fest steht, dass in einer früheren Ausgabe jenes Branchenreports ein Bericht über den Flug einer Eastern-Tristar zu finden ist, bei der ein Triebwerk ausgefallen war und die Landung zu einer Herausforderung für den Piloten machte. Der Flugzeugführer wurde in jenem Artikel mit den Worten zitiert, er habe beim Landeanflug „schon den Geist Don Repos gesehen". Dieser Ausspruch, offensichtlich als Witz gemeint, findet sich in John G. Fullers Geisterbuch indessen als eines der vielen Zeugnisse.

Der Journalist und Mitarbeiter der Tageszeitung *Miami Herald*, Arnold Markowitz hat im Jahre 1992, also genau 20 Jahre nach dem Eastern-Desaster in den Everglades, einige Überlebende des Unglücks gesprochen, aber auch ehemalige Piloten der Airline, die im Jahr zuvor aus ziemlich irdischen Gründen in Konkurs gegangen war. Einer der pensionierten Piloten wusste von einem Zweiten Offizier zu berichten, einem Hobby-Prediger, mit dem er im Jahre 1973 einige Monate zusammen geflogen war. Dieser habe Stein und Bein geschworen, dass Eastern-Chef Borman ihn gegen Bezahlung nach Miami geholt habe, um an der vom Spuk betroffenen Eastern Airlines-Tristar mit der Registrierung N318EA zu exorzieren.

Der Ex-Eastern-Pilot, der nach eigenen Angaben mehrmals auch die „318" geflogen hat, konnte sich nicht daran erinnern, jemals einen spukenden Robert Loft oder Don Repo erlebt zu haben. „Wir hatten ab und zu seltsam aussehende Leute an Bord, aber keine Geister." Ähnlich äußerte sich vor 15 Jahren auch ein anderer früherer Tristar-Eastern Airlines-Flugzeugführer.

Fullers Recherchen sollen angeblich dazu geführt haben, dass nach jedem bekannt gewordenen Vorfall auf Anweisung von oben hin die entsprechende Seite aus dem Logbuch entfernt oder gleich das ganze Logbuch ausgetauscht wurde. Manche Tristar-Crews von Eastern Airlines sollen sich eine Zeit lang entweder geweigert haben, auf der 318-Lockheed Dienst zu tun, andere wiederum sich nachgerade darum gerissen haben, endlich auch einer Erscheinung von Repo oder Loft beiwohnen zu dürfen.

Im Frühjahr 1974 sollen die Geisterstunden bei Eastern Airlines endgültig aufgehört haben. Der Sänger Bob Welch hatte sich zuvor noch ein paar zusätzliche Einnahmen durch ein Lied gesichert (Refrain: *When the moon shines, look out, here comes the ghost of Flight 401*).

Der *Whisperliner* N318EA wurde nach der Eastern-Pleite an die Hongkonger Fluggesellschaft Cathay Pacific verkauft, wo sie unter der neuen Registrierung VR-HOI bis zur Umstellung der dortigen Tristar-Flotte auf moderne Airbus 330-300-Maschinen im Jahre 1996 Dienst tat, ohne jemals wieder die Bühne für Gespensterstücke geworden zu sein.

(2007)

Wie ich es mir vorstelle

Trotz Finanzkrise werden die Deutschen wohl vorerst weiter zu den fleißigsten Reisenden gehören. Wenn es aber um die Begegnung mit Fremdsprachen geht, wagen sich die Germanen nicht wirklich über den Tellerrand hinaus: Die inneren Sprachbarrieren bleiben bestehen – vor allem Dank der immer noch florierenden Synchronisationsindustrie.

Fragt die Mutter einer Schülerin der Klasse 9 D der Lübecker Ernestinenschule bei einem Elternabend eine der Fachlehrerinnen: „Wieso sprechen Sie in Ihrem Englischunterricht eigentlich mit den Schülern immer Englisch?" Am selben Abend hören viele, viele Menschen gleichzeitig die Stimme von Christian Brückner. Preisfrage: Worin besteht der Zusammenhang?

Ein Tipp: Christian Brückner ist Sprecher, vielleicht sogar der renommierteste unter den deutschen Sprechern der Gegenwart. Er spricht Hörbücher, leiht ergreifenden Dokumentarfilmen seine Stimme, und – Brückner spricht synchron. Das heißt: der Mann, Jahrgang 1943, spricht Deutsch, wenn der eigentliche Schauspieler eine andere Sprache spricht als Deutsch, und das tun viele ausländische Schauspieler. Eigentlich alle. Allein: In Deutschland haben Schauspieler Deutsch zu sprechen, und wenn ein Robert de Niro oder ein Warren Beatty oder ein Martin Sheen oder ein Robert Redford dies schon nicht von selbst tun, dann ist Christian Brückner zur Stelle, steht dann vor einem Studiomikrofon, und tut so, als sei er selbst in diesem Moment einer von ihnen – nur eben auf Deutsch.

Des Rätsels Lösung: Von jeher gewohnt, dass eine Greta Garbo, ein Cary Grant, eine Juliette Binoche ebenso wie ein Keanu Reeves dieselbe Sprache zu sprechen scheinen wie ein Didi Hallervorden oder ein Ronald Pofalla, kann es deutschen Gymnasiastinnenmüttern schon mal Spanisch vorkommen, wenn eine Englischlehrerin in ihrem Englischunterricht Englisch spricht und sprechen lässt. Denn im Land der Reiseweltmeister und der entlarvenden Pisa-Studien gilt seit Jahrzehnten die Devise: Fremdsprachen sind etwas für Fremde, und Fremde sind nicht von hier. Wir sind wir und deutsch.

Deshalb: So richtig Englisch können und auch verstehen – schön und gut. Aber wozu? Schließlich muss es doch reichen, wenn man morgens ins Office geht, vom Notebook aus die E-Mails checkt, beim Meeting mit dem Chief Operating Officer ein Agreement in Sachen Business Development settled, und sich anschließend noch einen Coffee To Go ordered und nach dem After-Work-Workout noch online einen Haufen Trash chattet. Muss es denn immer gleich auch die ganze Sprache sein?

Diese Haltung ist mindestens so neu wie die Provinzialität des deutschen Schlagers, und so wundert sich kaum ein Zuschauer, wenn englische Darsteller aus unerfindlichen Gründen plötzlich vom Sie zum Du wechseln, wenn ein- und derselbe Schauspieler (zum Beispiel Richard Widmark) bis zu 21 verschiedene deutsche Stimmen hat, und ein- und dieselbe Stimme (Arne Elsholtz) sowohl aus dem Mund eines Tom Hanks, eines Kevin Klines, eines Bill Murrays, eines Jeff Goldblums sowie eines Steve Guttenbergs zu ertönen scheint. Ein schwarzer Mime wie US-Star Denzel Washington ist in Deutschland scheinbar nur durch die weiße Stimme eines Leon Boden, eines Thomas Vogt, Randolf Kronberg, Manfred Lehmann, Lutz Mackensy, Detlef Bierstedt, Thomas Wolff, Thomas Petruo oder – Christian Brückner – verständlich. Und Ob Chinesen, Mongolen, Japaner, Afrikaner, Inder oder Mexikaner: Es muss schon die teutonische Einheitssprache von Angela Merkel oder Mario Barth sein, damit es keine Missverständnisse gibt.

Sprachwitz, überhaupt Authentizität? Fehlanzeige: Indes: Lippen, die sich nach dem Ende eines Satzes stumm weiterbewegen, Studiostimmen, die den Schauspieler beleidigen, Metaphern und Wortspiele, die die Übersetzung nicht überstehen, das alles kennzeichnet den nachbehandelten Spielfilm. Reiner Brandt, einer der Synchronisations-Legenden in Deutschland, wusste schon vor mehr als zwanzig Jahren, wie es geht: „Als Autor wie als Regisseur brauche ich die Freiheit, den Text so zu gestalten, wie ich es mir vorstelle..."

Angemessen ärgerte sich deshalb auch kürzlich *Spiegel-Online*-Redakteurin Jenny Hoch über die Verdeutschung etwa der aktuellen *Sarah Silverman Program*-Show: „Das Ergebnis ist erschütternd unlustig. Aus einem Wortspiel wie *Gayghbours*, mit dem Sarah ihre homosexuellen Nachbarn tituliert, wird ein laues *schwule Nachbarn*. Noch schlimmer: Wie ein dicker Teppich überdeckt die Übersetzung alle sprachlichen Feinheiten und dämpft die scharfen kulturkritischen Spitzen der Show. Wenn Silverman etwa in einer Episode den Charity-Wahn der Amerikaner als egoistisch entlarvt, wirkt das auf Deutsch einfach nur plump."

Eine Studie des längst aufgelösten Europäischen Medieninstituts in Düsseldorf stellte bereits Anfang der 90-er-Jahre den überraschungsarmen, aber dennoch bezeichnenden Zusammenhang von Fernsehgewohnheiten und Fremdsprachenkenntnissen her. Wünschten damals etwa 78 Prozent der (Synchronisation gewohnten) Deutschen synchronisierte Fassungen von „Casablanca", „Ghandi" oder „Dallas", waren hingegen 82 von 100 (durch untertitelte Originalfassungen sozialisierte) Niederländer für Originalfassungen mit Untertiteln. Und der Bildungsgrad spielte bei den Präferenzen überhaupt keine Rolle: Entsprechend geordnet, erteilten 74 Prozent der Niederländer mit geringer Schulbildung der Texteinblendung ihre Präferenz. In Deutschland konnten sich gerade mal neun Prozent gegen die Nachvertonung entschließen - von den Akademikern. In Holland spricht jeder zweite Bürger neben Deutsch (61 Prozent) auch Englisch. In Deutschland sollen es 30 Prozent sein - die Frage ist nur: Wie?

Nicht viel anders sieht es in den Nachvertonungs-Hochburgen Italien und Frankreich aus: Hier klären merkwürdig mediterrane Tatort-Kommissare Verbrechen auf, dort sorgen sie in der Sprache Molieres für Ruhe und Ordnung. Die logische Folge: Noch heute spricht nur jeder vierte Franzose Englisch, in Italien gar nur jeder achte. In Skandinavien, im PISA-Ranking sowieso weit vorn, beherrschen rund 80 Prozent der Bevölkerung die Weltsprache Nummer eins. Wie in den Niederländern wurde auch hier nie synchronisiert.

Kleine Länder, die sich eigene Sprachausgaben nicht leisten konnten oder wollten, sind sprachtechnisch logischer Weise im Vorteil: Die Zuschauer dort kennen Fremdsprachen sozusagen aus dem Fernsehalltag, es gilt das Konzept learning by listening & watching.

Und während selbst in der deutschen Tagesschau bei kurzen fremdsprachigen Politiker-Statements eine deutsche Off-Stimme den O-Ton überdeckt, greift man in Nordeuropa oder den Niederlanden oder beispielsweise auch in der dreisprachigen Schweiz auf Untertitel zurück.

Längst besteht heute bei einer DVD die Möglichkeit, wahlweise nicht nur auf die Originalfassung zurückgreifen, sondern auch zwischen Untertiteln in der gesprochenen Sprache oder auf Deutsch zu wählen. Umfragen der Verleiher zufolge bestimmt aber selbst in Zeiten des überwiegend englischsprachigen Internets nach wie vor die Bequemlichkeit den Ton.

Und nicht nur bei der Mutter einer Lübecker Gymnasiastin.

(2006)

Notizen zu einer kurzen Reise in den Iran April/Mai 2004

Bombenexplosionen in Bagdad, schon wieder! Seit Wochen die immer gleichen Bilder auf den Fernsehschirmen, die Frage der Moderatorin: WEISS MAN DENN, WIE VIELE TOTE ES DIESMAL GEGEBEN HAT? und man hört schon wieder weg. Flugsteig B 43 in Frankfurt, überall Tote auf NTV und CNN. Man könnte stattdessen noch ein Bier trinken gehen, bevor die Iran Air für das Boarding freigegeben wird.

...

Ich bin noch nie im Orient gewesen.

...

Zehn Tage, während im Nachbarland das Chaos herrscht; wir werden auch Isfahan sehen. Ich bin froh: Einige von uns haben eine gewisse Kenntnis der Region. Der Iran als Erinnerung an Schlagzeilen und Nachrichtenbilder (die verbundenen Augen der US-Diplomaten, der grimmige Khomeini, Salman Rushdie und so weiter).

...

Als wir später anrollen: IN THE NAME OF GOD – WELCOME ABOARD THIS IRAN AIR FLIGHT TO TEHRAN. Die Flugbegleiterinnen alle mit Kopftuch, ihre männlichen Kollegen ohne die Krawatte, ansonsten alles wie gehabt. Es gibt eben keinen Alkohol hier. Flugzeit: knapp fünf Stunden. Ein alter Airbus A 300.

Später gibt es einen Liebesfilm, eine Handlung, wie sie auch aus europäischen Drehbüchern stammen könnte. Es geht relativ leger zu, viele Frauen tragen noch bis zur Landung kein Kopftuch, die üblichen Informationen aus dem Cockpit auch hier sehr freundlich – was habe ich erwartet?

DIE ACHSE DES BÖSEN -

Landung spätabends: Das Lichtermeer beim Anflug ist hier nicht anders als überall, auffallend viele Riesenräder und Karussells inmitten von Wohngebieten, kitschige Blinkpalmen wie überdimensionierte Weihnachts-Fensterdekorationen, die es hier aber doch gar nicht geben kann. Dann ist man gelandet, und es gibt immer noch Frauen ohne Kopftuch: Es heißt, man wird jeden Monat gelassener auch dort, wo vor Kurzem noch am Flughafen regimetreue Aufpasserinnen zur Stelle gewesen sind, um bemalte Lippen oder Fingernägel zu rüffeln. Die Maschine rollt zum Terminal: Samba über die Bordlautsprecher und man ist verblüfft.

...

Und so steht man vor der verschlossenen Schranke zum hölzernen Kabuff, in dem eine verschleierte Passbeamtin sitzt und es dauert eine ganze Weile jedes Mal.

BAGGAGE CLAIM -

Der einzige Unterschied zu anderen Gepäckhallen: Die überlebensgroßen Bilder der Ayatollahs. Keine Reklame für Alkohol, Zigaretten usw..Inwieweit die Männer vom Zoll normalerweise mit Bakschisch zu bedienen wären, ist so natürlich nicht direkt zu erfahren. Unser Guide, der schon hinter der Passkontrolle gewartet hat, muss wohl nur ein Zeichen geben, und wir brauchen nicht, wie offenbar einige hier, Geldscheine in den Händen zu halten.

Wir sind keine offizielle Delegation. Aber eben Multiplikatoren. Man wird uns das Land zeigen. Einen kleinen Teil davon, zu mehr reicht die Zeit nicht.

INFLATION -

Vor der Ankunftshalle befindet sich eine Wechselstube. Für einen 50-Euro-Schein gibt es fünfzig 10.000-Rial-Scheine, und man weiß im selben Augenblick nicht, wohin mit ihnen.

Ankunft in einem Land, dessen gegenwärtige politische Führung die Hisbollah in Syrien unterstützen soll, einen Mordaufruf gegen Salman Rushdie nie völlig zurückgenommen hat, und wo es noch nie Presse- und Meinungsfreiheit gegeben hat. Frauen haben sich immer noch zu fügen.

...

Die Straßen sind voll von Leuten, ganz normalen Leuten, und ich frage mich, wie viele von ihnen, die hier an Straßenrändern im Gespräch stehen oder auf kleinen Motorrädern halsbrecherisch und ohne Helm unterwegs sind, wohl schon einer öffentlichen

Hinrichtung beigewohnt haben, über die es regelmäßig Presseberichte gibt.

...

Das Azadi-Denkmal, man fährt auf vielen Spuren und ahnt die Verkehrsströme tagsüber. Augenkontakt an den Ampeln durch die Fensterscheiben: Ihre Neugier. Konvertierung von Moslems: verboten.

IRANIAN BLOOD TRANSFUSION –

So viel ist schnell klar: Moloch aus Beton und kaputten Straßen. Der Fernsehturm, an dem man baut, soll 450 Meter hoch werden. Im Süden entsteht gerade ein neuer Großflughafen.

AZADI GRAND HOTEL –

Das Business wie gehabt in grau, blau und schwarz, also wie überall, bloß sitzt es hier in den Clubsesseln der Lobby ohne die üblichen Drinks, und die fast frauenfreie Gesellschaft wirkt plötzlich noch unbeholfener. Die Bedienung in Uniform, auch sie selbstredend männlich, sie bringt uns alkoholfreies Bier, das nach Alsterwasser beziehungsweise Radler schmeckt. Es gäbe auch Coca-Cola, überraschenderweise schon immer auch in all den Jahren. Oder Säfte. Tschai als *das* Getränk.

...

Diejenigen, die schon einmal hier gewesen sind, stellen übereinstimmend fest: viele Handys jetzt. Und: Das Kopftuch der Frauen, das heute offenbar wieder mehr Haar zulassen darf. Manchen Frauenduft kennt man auch von uns.

...

Die Sorge am Anfang: Was mache ich womöglich verkehrt, ohne es zu wissen? Dabei grüßt man stets freundlich zurück, wenn ich grüßend nicke. Im Grunde genommen: Der Frau darf man nicht die Hand geben. Aber darf ich überhaupt mit Frauen sprechen? Ich meine: Ohne dass sie anschließend Probleme bekommen, weil sie dabei beobachtet worden sind? Im Fernsehen viele Kanäle voller bärtiger Monologe, aber auch CNN, BBC, Deutsche Welle usw. Ausblick aus dem Hotelzimmer auf ein Umspannungswerk. Nein, ich werde keine wirklichen Neuigkeiten zu berichten haben.

ISLAMIC MUSEUM -

Geschichte hinter Vitrinen, wie man es auch anderswo gesehen hat und sich insofern wie beim Schulausflug vorkommt. Klassenweise sitzen sie da in ihren Kutten und machen sich Notizen. Unterrichtsstoff. Ein langer, hagerer in Jeans, Jeansjacke und Turnschuhen ist offenbar eine Art Wächter: er läuft mir in drei Ausstellungen mehrmals über den Weg. Sein strenger Gesichtsausdruck hinter dem wuchernden schwarzen Vollbart. Eigentlich ein gutes Gesicht, wahrscheinlich ist er erst Anfang dreißig, er lächelt erst, als er an einer Pforte einen Kollegen begrüßt, mit Küsschen rechts und Küsschen links.

...

Ramin, unser Guide, er hat sein Deutsch weder am Goethe-Institut noch in Berlin, Hamburg oder München erlernt, sondern an der Uni in Teheran, seine Frau ist Lehrerin, und der Sohn kommt jetzt in die Schule. Die eigene Heimat zeigen, ohne selbst je eine Demokratie erlebt zu haben - ich kann's mir nicht vorstellen...Die Einkommen, gerade hier in Teheran, sie reichen hinten und vorne nicht, knapp fünfhundert Euro für einen Lehrer, achthundert für einen Hotelmanager. Allein die Mieten fressen Dreiviertel der Einkommen auf.

> *Machten wir diese Revolution, um den Leuten Häuser und Arbeitsplätze zu geben? Nein, wir machten diese Revolution für Gott.*
>
> Ayatollah Khomeini

CARPET MUSEUM -

Es dauert nicht lange, und man ist erschlagen. Geschichte als Knüpfmuster. Dabei ist ohne einschlägige Vorbildung kaum etwas zu verstehen. Dass der Wert von der Zahl der Knoten pro Quadratzentimeter abhängt, leuchtet indessen ein. Meine Frage, wie viele Kinderhände bei derart kleinen Knoten wohl beteiligt gewesen sind, bleibt ungestellt. Im Zweiten Stock fällt ein Wächter im Schlaf fast vom Stuhl.

Übrigens bin ich nach all den Jahren immer noch eher gutgläubig. Die Kollegin aus München fragt irgendwann hinter vorgehaltener Hand, ob man dem Guide wohl trauen könne.

...

Der junge Fahrer unseres Kleinbusses kann nur wenig Englisch, dabei scheint er aber einiges zu verstehen. Er ist fünfundzwanzig und sein strahlendes Lächeln mit den dunklen Augen nimmt jeden ein. Sein Fahrstil ist dem Verkehr angepasst: Vorrecht des Stärkeren.

...

Im Lokal, in dem man uns Safranreis zu verschiedenen Fleischbeilagen serviert und ein Zwerg die Teegläser jeweils auf der Untertasse auskreiseln lässt, was jedes Mal ein lustiges Klingeln erzeugt, wird wieder dieses Bier gereicht. Selbst der wuchtige Chefredakteur aus dem Fränkischen, im Übrigen offenbar ein belesener Kenner des Orients, wechselt zu Dugh, einem Yoghurtgetränk mit Minze. Insgesamt erinnert mich das Essen an die indische Küche. Aber auch an Gerichte des östlichen Mittelmeers. Ab und zu würde doch ein echtes Bier oder ein leichter Wein gut passen. Dann das erste Angebot einer Wasserpfeife.

...

Auf den Gehsteigen und in Parks : Immer wieder junge Paare, die noch nicht verheiratet sein können. Ihre Musik ist die Musik ihrer Sprache, aber längst mit Hiphop. Sie gehen Hand in Hand, vermeiden aber die öffentliche Umarmung oder demonstrative Küsse. Und ich höre immer wieder von denen, die den Vergleich haben: „Vor zwei Jahren noch völlig undenkbar", während wir im Stehlokal Safran-Eis mit einer Art gefrorenen Glasnudeln essen.

...

Nebenan bei SADAF BURGER gibt es die Frikadelle in genau demselben Brötchen und PARSI-COLA in genau denselben Bechern mit dem Strohhalm im Deckel. Den Frauen ist, so lese ich irgendwo, das Fahrradfahren verboten, zumindest in den Städten. Dabei sehe ich sie hier und da auf Motorrädern. Sie haben im Bus hinten zu sitzen, ferner: Sport und Schwimmen nur in abgetrennten Bereichen. Irgendwo stand zu lesen, dass die Jungfräulichkeit nicht nur für die Ehe, sondern auch für den Eintritt in die Beamtenlaufbahn vorausgesetzt wird, Chirurgen entsprechend Geschäfte machen usw... Scheidung soll, so unser Guide, übrigens eine ziemlich einfache Sache sein, das Sorgerecht nicht automatisch dem Vater zugesprochen werden. Ich kenne die Geschichten etwas anders, doch kann ich mir kein Urteil erlauben. Ramin ist um die dreißig, sein Vater war Polizist, dabei offenbar trotzdem Analphabet, sechs ältere Geschwister, die Familie kommt aus dem Westen des Iran.

Der Straßenverkehr: Meistens steht man auf vier Spuren. Mitten drinnen oft Wagen mit geöffneter Motorhaube. Die Menschen: Die Verhüllung der Frauen eben, inzwischen sind wohl auch modische Schnitte erlaubt, die Männer meistens mit karierten Hemden über den Hosen.

Jedes zweite Haus in Teheran soll inzwischen die Schüssel haben, was offiziell gar nicht erlaubt ist. Längst ebenso außer Kontrolle: Das Internet mit

Chatrooms und E-Mail. Wer es sich leisten kann und den Kontakt zur Szene hat, kommt auch in Teheran zu Alkohol und Table-Dancing. Wer sicher gehen will, fährt in die Türkei oder noch weiter weg. Zudem gibt es Kisch, die Ferieninsel im Süden, wo man offenbar nicht nur zollfrei einkaufen kann. Homosexualität als Delikt, das, wie ich höre und lese, immer noch mit dem Tode bestraft wird.

...

Der Schahpalast, so wie man sich das in etwa vorgestellt hat: Wo man hinguckt, spiegelt es, Empfangszimmer, Schreibzimmer, Schlafzimmer, Esszimmer, hier der große amerikanische Esstisch, dort ein Fernseher im Zimmer der Gattin, und man versucht sich vorzustellen, wie inmitten dieser scheußlichen Möblierung auf der Couch vor amerikanischen Unterhaltungsshows gelümmelt worden ist.

In einem Pavillon am Rande der Anlage trinken wir wieder Tschai, aus einem Ghettoblaster tönt Popmusik, auch Personal, dessen Aufgabe mir nicht einleuchtet, sitzt hier und dort auf Bänken und auf Stühlen und genießt wie wir die Luft hier oben.

Man blickt auf die betonierte Hauptstadt hinunter mit ihren Hochhäusern im Smog. Neben uns die schneebedeckten Gipfel der Hausberge. Vor der ehemaligen Residenz stehen immer noch die abgesägten Beine der Schahstatue. Ein bewaffneter Soldat sieht uns gelangweilt an. Alles in allem erstaunt mich die scheinbare Pietät gegenüber dem Erbe.

Der Bazar, durch den wir später schlendern, soll der größte des Landes sein, aber dennoch nicht den Vergleich mit denen in Kairo, Damaskus oder Marrakesch aushalten. Mir ist nicht ganz klar, wie die

Händler hier existieren können, bei ihren geringen Preisen und den Tarifen dieser Hauptstadt. Teheran als Stadt: Wir haben dann zu wenig gesehen, um sagen zu können, wie sie aussieht.

Teheran

Hauptstadt des Iran, Lage auf einem Hochplateau auf 1200 m, der Name leitet sich wohl vom altpersischen Wort "teh ran" ab, was soviel „wie warmer Ort" heißt.

Geschichte: *Erste geschichtliche Erwähnung einer Siedlung im Jahre 942. Zunächst Provinzstadt, nach Eroberung durch Aga Muhammed Khan, dem Begründer der Kadscharendynastie, im Jahre 1795 zählte Teheran zum Stammesgebiet. 15.000 Einwohner um das Jahr 1800. Nasireddin Schah vergrößerte das ursprüngliche Stadtgebiet und legte eine Stadtmauer an. 250.000 Einwohner im Jahr 1900, durch Zentralisierung des Landes größte Stadt Persiens. Unter dem letzten Schah Pahlavi wurde Teheran weiter vergrößert, eine Autobahn quer durch die Stadt gebaut und die alten Kadscharenansiedlungen eingeebnet. 4,8 Millionen Einwohner im Jahr 1977. Islamische Revolution 1979, u.a. Besetzung der US-Botschaft. 6,8 Millionen Einwohner 1996, 2004 durch Landflucht etwa 10 Millionen Einwohner. Nach dem Erdbeben im Iran 2004 wurde erstmals über eine Verlagerung Teherans aus der jetzigen, erdbebengefährdeten Region nachgedacht.*

Einwohnerzahl: *Offiziell ca. sieben Millionen, Schätzungen zu Folge zehn Millionen*

Sehenswürdigkeiten: *Teppichmuseum, das Glas- und Keramikmuseum, das Nationale Juwelenmuseum, das Nationalmuseum des Iran (Archäologisches Museum), der Golestan Palast, der Niawaran Palast und der Saadabad Palast und das Reza Abbasi Museum.*

...

Fliegen im Iran: Es gibt Preise für Inländer und solche für Ausländer, hundertsechzig Euro für sieben Personen und tausend Kilometer Luftweg. Dabei haben am Vortag zwei Stellen geglaubt, die jeweils andere habe die Buchung bereits erledigt. Erst am späten Abend ist ein Mitarbeiter der Airline in die Hotellobby geeilt und hat die Flugtickets aus dem Anorak gefischt. Wie viel er selbst dafür bekommen hat, wurde nicht erzählt, fest steht, dass andere, fest gebuchte Passagiere jetzt eben zu einem anderen Zeitpunkt fliegen müssen.

Die Maschine: eine Boeing 727, also ein Oldtimer. Einmal erhasche ich von meinem Gangplatz aus einen kurzen Blick durch das Fenster und man sieht nichts als Wüste. Als auch ich einmal die vordere Toilette aufsuchen möchte, werde ich von einem Bärtigen im weißen Hemd und schwarzem Jackett zurückgewiesen: NOT POSSIBLE! Dabei ist der Weg zum Heck von den Stewardessen mit ihrem Wagen versperrt: NOT POSSIBLE! Höflich, aber sehr verbindlich, seine Hand als Stoppzeichen.

Der Anflug später über endlose Pistazienplantagen und dann steht man also da:

KERMAN AIRPORT –

Und während man auf die Koffer wartet: Auch hier das übliche Bild von einem der vielen Fernsehschirme in der Flughafenhalle: Reklame für Handys und Limonade, dann wieder bebrillte Bärtige in der Kluft und dem Turban.

...

Eine Horde junger Rotkreuzhelfer aus Japan, offenbar angekommen für den Einsatz in Bam, dabei bester Laune wie bei einer witzigen Expedition. Es dauert, bis auch der Letzte sich hat fotografieren lassen können mit dem örtlichen Soldaten, der immer geduldig dabei steht für ein Gruppenbild.

...

Unser neuer Fahrer ist ein Hüne mit riesiger Brille vor sehr ovalen Augen und einem Frauenkussmund, seine mittellangen schwarzen Haare passen nicht so recht zu seinem runden Kopf, weswegen wir ein Toupet vermuten. Er ist den ganzen Weg von Teheran hierher gefahren. Einmal hat er übernachtet. Kerman: Hier also beginnt die Wüste.

...

Das Hotel PARS ist erst zwei Jahre alt und ein Klotz voll von Marmor und jeglicher Bedienung. Offenbar hat man hier noch etwas vor. Das Badezimmer wie in Europa, die Toilette mit Hygiene-Folio für den neuen Gast. Hier und da stehen die üblichen Tabletts vom Room-Service vor den Zimmertüren, aber stets ohne leere Wein- oder Bierflaschen. Im Internet-Café unterhalten sich zwei Amerikanerinnen lautstark, und ich kann problemlos nach Hause mailen oder zum Beispiel Spiegel-Online lesen. An der nahen Kreuzung brennt eine ewige Flamme.

MOSQUE OF THE KING -

Die Jungs von etwa acht bis zehn spielen uns immer wieder den Ball zu, selbst als in der Straße zum Bazar ein Auto herannaht. Es kommen ein paar flotte Kombinationen zwischen geparkten Wagen und Müllbehältern zustande.

HELLO MISTER! -

Und auch später auf dem Bazar. Immer wieder:

HELLO MISTER! WHERE DO YOU COME FROM?

Und wenn ich antworte:

HOW DO YOU LIKE IRAN?

Dann ist es, als seien sie alle doch überrascht, wenn ich etwas erwidere. Ich höre einmal wörtlich hinter mir: FUCK THE AYATOLLAHS, aber mir ins Gesicht würde es niemand sagen. Einer geht plötzlich neben mir wie ein alter Bekannter, und ich werde ihn erst nicht mehr los. Neben uns türmen sich links und rechts große Säcke ockerfarbener und gelber Gewürze auf. Früher IRANIAN AIR FORCE, irgendwann zwei Monate Gefängnis, er will nicht sagen, warum. Er sagt nur immer wieder: PEOPLE ARE FED UP WITH THIS REGIME, YOU KNOW. Ist er konsterniert, als ich mich später mitten im Halbsatz abrupt verabschiede unter dem Vorwand, meine Gruppe warte schon auf mich?

Aber es gibt auch andere, die es mir bekunden: WE WANT JUSTICE AND DEMOCRACY, was auch immer sie darunter verstehen mögen. Ein Salathändler: Er besteht darauf, dass ich ihn knipse, ebenso wie die beiden Freunde am Melonenstand, wo der eine dem anderen zum Bild den Arm über die Schulter legt. Oder der ältere Mann hinter seinem Berg aus grünen Äpfeln. Der alte, feingliedrige Herr, der Besen verkauft und uns irgendetwas eindringlich sagen möchte, was wir aber nicht verstehen können, denn Ramin ist nicht dabei...Die Unsicherheit liegt allein bei mir, nicht bei ihnen.

So wie im PRINCE'S GARDEN BAGH-E SHAHZDEH, wo wir nachmittags gewesen sind, nachdem wir uns in Mahan die Grabanlage des großen Mystikers angesehen haben und zwei von uns im Teehaus mit drei jungen Frauen in eine Art von Gespräch zwischen Tisch und Diwan gekommen sind, allseits Wasserpfeife rauchend. Wir haben den Park mit den schönen Wasserterrassen kaum betreten, da werden wir auch schon überfallen:

HOW ARE YOU?

Und kaum hat man geantwortet:

CAN WE TALK TOGETHER?

SURE. Das sage nicht ich, sondern der bullige Franke, der sich zum Glück weniger von der irren Projektion, man bringe die Menschen bereits durch Gespräche in Gefahr, einschränken lässt.

Sie sind kaum älter als meine eigene Tochter, also noch unverbogen und erfrischend selbstbewusst. Und sie platzen vor Neugier: Wenn ich SWEDEN sage, dann wissen sie nicht, wo das liegt, aber es schmälert keineswegs ihre Begeisterung und ihre Annahme, dass man aus einem freieren Teil der Erde kommt, und dazu zählen sie ausdrücklich die UNITED STATES. Sie wollen eben alles wissen: Wieso wir hier sind, HOW DO YOU LIKE THE IRANIAN PEO-

PLE? Was wir schon gesehen haben, und was uns besonders an ihrer Gegend gefällt, vor allem aber: WHAT IS YOUR PROFESSION? Und als wir sagen: JOURNALIST, REPORTERS, sind sie scheinbar vollends begeistert, und sie machen aus ihren erstaunlichen Ansichten keinen Hehl.

THIS IS MIDDLE AGE YOU KNOW, sagt eine Bebrillte ohne jegliche Allüren, und uns entgeht es nicht, wie immer wieder versucht wird, die Traube aus jungen Iranerinnen um uns aufzulösen. Erfolglos. Eine, offensichtlich Tochter aus besseren Ständen mit fast fließendem Amerikanisch und einem teuren Nokia in der Hand, auch ihr Gewand ist modern auf Taille geschnitten. Sie hat recht bald die Gesprächsführung übernommen, und erzählt freimütig: Vater Unternehmer, offenbar kennt sie dadurch bereits einiges von der übrigen Welt, mit der sie von hier aus über MY E-MAIL weiter in Kontakt steht. Ihre Mitschülerinnen, die jetzt als unser Publikum im Halbkreis stehen, sie scheinen zumindest alles zu verstehen: Ja, natürlich will sie später im Ausland studieren! OF COURSE! Während die alten Jungfern links und rechts immer wieder hörbar zischeln. Jetzt wollen sie Fotos machen und es scheint, als ob sie sich untereinander absprechen, wer welchen der europäischen Männer ablichtet, vielleicht müssen sie Film sparen. Ein paar Männer in hellen Hemden und Hosen, sie stehen wie Säulen verloren in der Gegend.

SMILE! -

Auch ich glaube inzwischen nicht mehr, dass der Wächterrat hinter jedem Baum steht und lasse doch immer wieder meine Blicke schweifen ins Nirgendwo, dabei soll ich jetzt doch mal die Sonnenbrille abnehmen und einmal bitte recht freundlich...DO YOU HAVE E-MAIL? Und ich drehe mich forschend um, wie der Kaufhausdieb, bloß wegen der Visitenkarten, die ich verteile.

IS THIS REALLY YOUR NAME? -

Jetzt wird es den Matronen, deren Kopftücher noch ganz und gar den Vorschriften Rechnung tragen, endgültig zu bunt. Ich hör's, wie sie sich jetzt hinter unseren Rücken wie Pflüge durch die Herde junger Wissbegierde arbeiten. Zwei bekommen jetzt offenbar eine Ansage mit erhobenem Zeigefinger. Ihr wortloses Grinsen als Demonstration. Ihre Schlapphüte und Schirmmützen über den Kopftüchern. Am Ausgang geht es auf keinen Fall, dass wir verschwinden, ohne ein letztes gemeinsames Gruppenfoto von allen Seiten. Die Alten haben jetzt dann doch resigniert, nur der Mann am Einlass treibt nach einer Weile das Spektakel auseinander: NO ENGLISH! Und man weiß nicht, ob es noch Halbernst ist. Sie lachen ihn jedenfalls aus...

...

Auch im wunderschönen alten Teehaus, zu dem man in ein altes Kellergewölbe unter dem Bazar gelangt, herrscht eine gelöste Stimmung. Ein Tisch voller Halbstarker mit ihren Wasserpfeifen. Sie rufen uns irgendetwas zu und lachen dann. Am Tisch neben uns sitzen drei Jungs und Mädchen im Teenager-Alter. Kinder aus wohlhabendem Hause, keine Frage, denn man verfügt schon über teure Digitalkameras und fotografiert sich gegenseitig. Zwei sind wohl ein Paar, und auch sie trägt teure NIKE-Turnschuhe zur Jeans unter ihrem Gewand. Sie wird auch für das gemeinsame Bild, das dann der hagere von den beiden anderen Jungen macht, nicht das Kopftuch abnehmen. Hingegen haben sie keinerlei Angst vor Berührung in aller Öffentlichkeit. Sie rauchen Wasserpfeife so wie wir...Die Frage, über die wir gerade reden: Wie viel Macht hat der Wächterrat wohl tatsächlich noch, rein praktisch? Siebzig Prozent der Bevölkerung sind unter fünfundzwanzig... Später im Bus, höre ich zum ersten Mal den Ruf des Muezzin über die Lautsprecher.

...

Abends essen wir in jenem familiären Hotel, wo wir schon zum Lunch gewesen sind und dessen Besitzer wohl ein Bekannter von Ramin ist. Eine Reisegruppe englischer Pensionäre hat sich woanders niedergelassen. Wir haben einen zusätzlichen Gast: Sie ist Anfang zwanzig und eigentlich aus Teheran, nur studiert sie hier (ART DESIGN), und ich habe nicht nur aus der Verlegenheit heraus, dass ich direkt neben ihr sitze, viele Fragen an sie. Nicht immer reicht ihr Englisch, was aber nicht weiter schlimm ist, denn Ramin, der mir gegenüber Platz genommen hat, unterhält sich dann eben mit ihr auf Persisch über andere Dinge. Sie kennen sich scheinbar aus der Hauptstadt und ich hätte schon deshalb wieder andere Fragen. Später gehen sie noch alleine irgendwohin, und meine Fragen bleiben wieder ungestellt.

Kerman

Hauptstadt der gleichnamigen Provinz. Hauptexportgut der Stadt sind die mit Blumenmustern verzierten, geknüpften Teppiche und Schals aus Ziegenwolle.

Geschichte: Gründung zurzeit von Ardeschir I. (224-241). 928 wurde Kerman unter den Samaniden Provinzhauptstadt und danach bis zum Jahre 1048 Stammsitz der lokalen Dynastie der Buyiden. Eine der größten Tragödien in der Geschichte der Stadt ereignete sich 1794, als der Schah von Persien, Aga Muhammed Khan, Kerman stürmte, 20 000 Einwohner in die Sklaverei verkaufte und weitere 20 000 blenden ließ.

Einwohnerzahl: etwa 490.000

Sehenswürdigkeiten: Bazar-e Wakil, der Gandj Ali Khan-Komplex und die Freitagsmoschee. In der Umgebung liegt die kleine Stadt Mahan, sehenswert wegen dem Mausoleum von Schah Nematollah Vali und dem Schahzadeh-Garten.

...

Fahrt Richtung Südosten.

Die Zitadelle, die ungefähr ein Fünftel so groß ist wie die zerstörte im Katastrophengebiet sein soll, sie liegt auf halbem Weg nach Bam. Hier in der Gegend wurden scheinbar die beiden jungen deutschen Frauen entführt, die, wie es die Tagesschau und andere meldeten, ausgerechnet mit den Fahrrädern gereist sind. Offenbar wurde in Berlin und Teheran einiges an personellem Aufwand geleistet. Konsens im Mini-Bus.

...

Reisen im Lande: Insgesamt wohl leichter als früher, die Kontrollen der Polizei, sie beschränken sich heute augenscheinlich immer mehr auf die Posten an den Provinzgrenzen, wo ich einmal das Abführen eines bärtigen Alten beobachte, während der bewaffnete junge Soldat uns nach einem flüchtigen Überfliegen der Fahrzeugpapiere alles Gute wünscht und unserem Kleinbus sogar kurz nachwinkt. Es soll oft Schikanen geben, die Bestechung auch hier Alltag. Diejenigen, die nicht zahlen können, müssen ihre Fahrzeuge abstellen, hier und dort stehen sie hinter Stacheldraht.

...

Wie gefahren wird: Auch hier Vorfahrt des Stärkeren und Größeren, dazu die alten Fahrzeuge, Mercedes-Benz 1624, dreißig bis vierzig Jahre alte Museen auf Rädern, oft schön zum Ansehen als Erinnerung an die eigenen Kindertage; vor Kurzem ist irgendwo hier auf den Straßen ein Tanklaster verunglückt und es gab viele Tote.

Der Fuhrpark generell veraltet, Folge von Krieg und Embargo und der allgemeinen wirtschaftlichen Lage. Dabei gibt es auch ein paar neue Laster, nur sind sie fast ausnahmslos aus schwedischer Produktion. Hingegen fährt die Polizei C-Klasse und das soll, so sagt man mir, mit irgendeiner Bringschuld der Deutschen zu tun haben. Seit drei Jahren soll es eine Art TÜV geben, doch auch hier macht die allgegenwärtige Korruption die Qualität fraglich... Irgendwann geht es rechts ab, und wir fahren Richtung Süden. Zu sehen: der Kontrast zwischen Wüste und Steppe.

RAYEN –

Eine Stadt aus Lehm und Stroh, davor steht die einstige Quarantäne-Station, in die die Besucher vor dem Betreten der Stadt wohl mussten. Restauriert worden sind auch die früheren Wohnbereiche, alles sehr mühsam natürlich, zumal es nur wenig Geld gibt für den einzigen offenbar verbliebenen Handwerker, der dann nur für ein paar Tage in der Woche kommt. Die Fluchttunnel gab es offenbar nur für die Herrscher. Was er sonst macht: Gerade schleift er Messer und Dolche, dort wo sich einmal die Arkadenläden befanden. Letzte Woche hat er Pistolen gereinigt.

So stehen wir da und überblicken eine menschenleere historische Stadt bei blauem Himmel, und wir sehen die schneebedeckten Gipfel im Hintergrund der Wüstenlandschaft.

BAM –

Picknick inmitten von Trümmern, die Bestandteile hat man heute Vormittag auf dem Weg eingekauft und es ist alles da, auch die Cola und das süße Bier im eisgekühlten Eimer. Unser Fahrer, der Hüne, der leider kein Englisch spricht und zu Hause fünf Kinder hat, als Bedienung.

...

Stille der Hitze, außer das Rauschen in den Palmen, die gerade allesamt eingehen, weil ihre Wurzeln nicht mehr genug Grundwasser abbekommen – wegen der Massen, die immer noch entnommen werden, so hat man es uns erzählt.

Irgendjemand pfeift inmitten der Zelte, die hier direkt neben unseren Stufen unter Palmen aufgestellt sind. In diesem Garten, zum Beispiel, stand vor dem großen Zusammenbruch ein gut gehendes Restaurant.

Was soll man sagen, jetzt sitzen wir eben mitten im Elend, irgendwann später wird die offizielle Zahl der Toten von 40.000 auf genau 26.271 DEUTLICH NACH UNTEN korrigiert. Seit dem Erdbeben am 26. Dezember 2003 sind fünf Monate vergangen, und die Menschen hier haben alles verloren und die Hilfe aus dem Ausland wird von Inkompetenz und Korruption zerfressen. Natürlich ist es auch ein Jammer, dass die aus der Sasanidenzeit stammende, 1.500 Jahre alte und mühsam restaurierte Zitadelle gegenüber, die wir eben kurz in Augenschein genommen haben, ebenfalls ein Ort der Trümmer, ist und die Oasenstadt mit der Lehmziegelburg in den Maßen 450 mal 450 Meter die Touristenattraktion und Haupteinnahmequelle verloren hat. Aber vor den Mauern liegt auch die Gegenwart begraben, und, wer weiß, wahrscheinlich auch die Zukunft, zumindest die der nächsten Generation. Fünfhundert Jahre ist hier nichts passiert und innerhalb von wenigen Minuten wurde alles zunichte gemacht. Die Hochglanzbilder mit dem Vorher-Nachher-Effekt, sie gibt es längst auf Postkarten, Poster und Broschüren.

Was für Besucher auf den ersten Blick nicht zu erkennen ist: Fortschritt bei den Aufräumarbeiten, denn die Straßen sind, soweit wir es überblicken können, frei. Man sieht aber nur die Straßen voller zusammengestürzter Häuser und demolierter Autos, die aber, weil man sie vielleicht noch reparieren oder als Ersatzteillager benutzen kann, nicht weggebracht werden. Es sind im Übrigen vor allem Bankgebäude, die halbwegs unversehrt geblieben sind. In den Ruinen wird weiter gelebt, Wäsche im Wind zwischen Hausmüll, der hier und dort zu kleinen Bergen wird. Natürlich bin auch ich betroffen, ich habe erst auf dem Balkan und dann 1994 in Ruanda meine ersten echten Toten gesehen und funktioniere auch hier wie meine kleine Digitalkamera, die sammelt und speichert ohne Regung: Der Staub. Und in ihm die Lkw, eintausend sollen hier rund um die Uhr im Einsatz sein, und direkt an den Straßenrändern oder unter dem Schutz einer Ruine die Zelte, oft liegt ein restliches Bündel Habseligkeit daneben.

...

Gespräch im Zelt, Ramin als Dolmetscher. Sie haben uns gesehen und mit ihrer Einladung zum Tee so lange gewartet, bis der Hüne das kleine Büfett zusammengepackt hat und die Flaschen wieder im Bus verstaut wurden.

Sie stammen aus der Provinz Hamadan, 1.500 Kilometer entfernt. Zum Helfen sind sie gekommen und haben drei Monate lang nichts anderes getan, als Schutt weggeräumt. Dass gerade wir gekommen sind, begrüßen sie ebenso wie, dass ich sie später fotografieren möchte. Einer hat den ausdrücklichen Wunsch, zusammen mit seinem erwachsenen Sohn abgelichtet zu werden. Ihre kleine Freude in der Erschöpfung, als sie sich hernach auf dem kleinen Bildschirm sehen. Ihre schüchterne Bitte an Deutschland: Neue Lastwagen, irgendwann, ihre alten Mercedes-Benz 1924, mit denen sie hierher gekommen sind, um aufzuladen und vor den Stadttoren abzuladen, sie sind jetzt fünfunddreißig Jahre alt, und inzwischen muss man ständig irgendetwas reparieren. Wo das ganze Geld eigentlich bleibt, das das Ausland geschickt hat, und all die Hilfsgüter, sie wissen es auch nicht. DIE IN TEHERAN, sagen sie nur und sehen jeden Tag, wie sich die Menschen hier an ihre letzte Habe klammern, wenn schon ihre Bleibe zerstört ist. Sie sind in den drei Monaten ein einziges Mal nach Hause gefahren. Sie haben sich gerade irgendwo den Dreck dieser Trümmer waschen können. Morgen kehren sie zurück nach Hause zu ihren Familien.

...

Draußen am Stadtrand stehen elftausend Wohncontainer, aber es liegt, wie man uns sagt, nicht an den fehlenden sanitären Einrichtungen, dass die Leute nicht hinausziehen wollen. Vielmehr: Es kommen Menschen nach Bam, jeden Tag, denn ringsum regiert noch mehr Armut, und da ist sich jeder selbst der nächste, wenn man in der zerstörten Stadt zu Spenden kommen kann oder hier irgendwo ein Hausrat herrenlos herumsteht. Keiner hat hier einen Überblick, und die Hilfsorganisationen streiten sich wohl nicht nur untereinander, sondern in erster Linie mit den Behörden, die nichts organisiert bekommen, aber sich nicht anzweifeln lassen wollen.

Man lebte von den Datteln, die hier wachsen und die besten der Welt sein sollen, vom Tourismus und, wie ich höre, auch vom Opium (das wohl immer noch in den Kellern lagert und Käufer findet, so dass derjenige, der die Stadt verlässt, mit Polizeikontrollen rechnen kann).

...

Die Steinmetze haben alle Hände voll zu tun, sie kommen gar nicht hinterher bei der Fertigung von Grabsteinen inmitten einer großen Müllhalde von weggeworfenem Plastikmüll und verwaisten Gittern, die einmal als Hauseingang gedient haben. Einmal ein Laden mit noch halbwegs gefüllten Regalen, kein Mensch weit und breit, so dass man sich sorglos bedienen könnte, betreten lebensgefährlich, das ganze Gebäude wie ein unförmiger Quader, es erinnert irgendwie an Kunst.

...

Später sitzen wir zum Tee in jenem Hotel am Stadtrand, das heil geblieben ist, und wo die ganzen Rotkreuzmitarbeiter und Journalisten wohl Quartier gefunden haben und, wenn überhaupt, nur für enorme Summen noch ein Zimmer zu bekommen ist. Tja, jetzt haben wir auch das gesehen. Der Franke, obwohl älter, er sagt's immer wieder: SO SCHLIMM HABE ICH MIR DAS NICHT VORGESTELLT.

Ich weiß nicht, ob man, abgesehen vom offensichtlichen Missmanagement der Regierung in Teheran und den untergeordneten Behörden, grundsätzlich nur Fehler sehen kann. Wie hätte man für so eine Katastrophe üben sollen? Nein, mich lässt das überhaupt nicht kalt, aber es haut mich nicht um, vielleicht liegt's an der Abstumpfung durch alltäglichen Konsum schlimmer Nachrichten aus aller Welt, jede für sich nur als weiteres Beispiel, insofern Kenntnisnahme ohne wirkliche Regung. Ein bisschen beneide ich die beiden jungen Journalistinnen um ihren Ehrgeiz, die Redakteurin aus München, die, wie ich später erfahre, schon ein paar Auszeichnungen erhalten hat, und die freie Mitarbeiterin, die in Teheran auf

Nachfrage hin gleich ein Dutzend namhafter Blätter aufzuzählen wusste, für die sie schreibe.

...

Dann wieder Überlandfahrt mit Zwischenstopp.

MOGANNIS -

Wir haben keinen von ihnen getroffen oder gesprochen. Jedenfalls sind sie die Brunnenbauer, die die Qanate aufgespürt haben und noch immer aufspüren. Man sagt ihnen einen Spürsinn für unterirdisches Wasser nach: Färbung des Bodens, eine Senke oder eine bestimmte Pflanze und Blume, und sie kennen den Verlauf des Qanats. Dieses System der unterirdischen Wasserrinnen, älter noch als das Prinzip von Stauseen, man erkennt es von oben an den Schächten, die etwa alle fünfzig Meter bis zu neunzig Meter in die Tiefe führen. Was man braucht ist nicht eine Quelle, und es handelt sich auch nicht um einen unterirdischen Flusslauf. 150.000 Kilometer sollen die Qanate Persiens, wenn man sie zusammenlegen würde, ergeben. Es soll noch 20.000 geben, und ein jeder von ihnen beginnt am Fuße eines Berges, an dem es genug Wasser gibt. Das natürliche Gefälle reicht dann bis zu den Oasen, die Wüste rund um Isfahan soll, wie ich höre, davon durchzogen sein. Funktionsdauer: etwa hundert Jahre, weshalb sich auch die FAO dafür interessiert. Genauso faszinieren mich die Windtürme, die durch das Steigen der Wärme für ein kühles Klima selbst dann sorgen, wenn es draußen brütend heiß ist.

Wieder eine Fahrt durchs Land, und unser Hüne mit der großen Brille, den Hosenträgern über dem großen Bauch und den Toupethaaren holt heraus, was der Kleinbus hergibt. Warum die Eile? Dass ich manchmal beim Überholen die Augen verschließe, das kenne ich von mir auch aus anderen Erdteilen.

Im nächsten Augenblick stehen wir am Straßenrand, denn es gab gerade einen dumpfen Knall (zweiter Gang bei Tempo hundertzehn) und wegen des Schaltfehlers des Hünen geht jetzt gar nichts mehr. Keine fünf Minuten später sitzt ein Teil von uns in einem Privatwagen, den Ramin zum Anhalten winken konnte. 10.000 Rial für die 160 Kilometer zurück nach Kerman, und jetzt sitzen wir im engen aber neuen Koreaner, und ich schau auch hier immer wieder weg. Ich sehe es natürlich trotzdem: Junge Männer in weißen Gewändern, vielleicht sind sie dreiundzwanzig, vielleicht auch erst neunzehn, jedenfalls weiß ich nicht, wie sie's geschafft haben, unverletzt aus dem Peugeot zu kommen, der jetzt hinter ihnen mit zersprungenen Scheiben auf dem Dach liegt. Aber das ändert nichts: Es wird gefahren, scheinbar ohne jedes Bewusstsein. Ich höre das dumpfe Horn schon von Weitem, und irgendwann ist es ein weißer Tanklastzug (Volvo F12), der trotz Kurve und Gegenverkehr mit hohem Tempo an uns vorbeizieht. An den Kontrollposten hingegen benehmen sich alle wie eine Herde. Am nächsten Tag haben wir einen neuen Bus und einen neuen Fahrer.

...

Das Frühstück: Es gibt einiges an Obst, eben auch die Datteln, wenn man statt Tee doch einmal Kaffee möchte, dann ist es Instant Coffee. In unserem Hotel findet offenbar eine Konferenz statt, morgens erscheint ein ernster Geistlicher mit weißem Turban und großer Gefolgschaft und an den Tischen um uns verstummen die Gespräche. Ältere englische Touristen auch hier.

...

Unterwegs hören wir ab und zu Folklore (Alireza Eftekhary oder Taraneh Va Ney). Und auch Elsa von Kamphoevener *(An Nachtfeuern der Karawan-Serail)*. Ihre schnarrende Stimme hat tatsächlich etwas von einer Generalin, manchmal wird es unerträglich, vor allem, wenn man, Monotonie einer Überlandfahrt, trotz Landschaft hin und wieder einschläft und dann wieder von einem WER!? - WER HAT DIR DAS GESAGT, DU VERRÜCKTER HUND, GEH NUN FORT ZU DEINEM HERRN! (oder so ähnlich) zusammenfährt. Dabei sind die alten Märchen aus dem Orient, die wohl aber doch nicht, wie die Legende behauptet, von der großen Erzählerin in Männerkleidung in den Lagern aufgeschnappt und dann weitergetragen worden sind, teilweise höchst amüsant geschrieben und eindrucksvoll vorgetragen, eine zusätzliche Bereicherung auf dieser Reise, zumal wir manchmal über Hunderte von Kilometern nichts zu tun haben, außer aus dem Fenster zu sehen.

Einmal halten wir spontan an, damit Ramin uns die Pistazienplantagen aus der Nähe zeigen kann. Minuten später steht schon der Besitzer, der bloß sehen will, was die Fremden inmitten seiner Sträucher wohl suchen, in unserer Mitte und erteilt Auskunft: Ja, die neuen Bäumchen sind zwar kleiner, aber ertragreicher, viele Früchte, die aus der Nähe jetzt noch wie winzige Mangos aussehen. Gießen zwei bis dreimal im Jahr. Schädlingsbekämpfung: ja, eine Art von Blattlaus, ja, und die Löhne sind niedrig, weil die (illegalen) Erntehelfer aus dem noch geringer bezahlten Ausland (Afghanistan) kommen, sein Betrieb offenbar einer der größten in der ganzen Region.

Es geht aber dann auch nicht, dass wir einfach wieder des Weges ziehen, und so fahren wir in den verwinkelten Ort an der Hauptstraße und lassen uns in der verwaisten Produktionshalle erläutern: Hier kommen die Pistazien rein, dort werden sie gewaschen, woanders getrocknet, und so weiter. Es ist nicht die Zeit und der Ort, sich über Löhne und Mitbestimmung der Belegschaft zu unterhalten. Noch einmal die Frage nach der Zahl der ausländischen Mitarbeiter, worauf der Patriarch milde lächelt. Ein Schwung Pistazien, bei denen man anfängt und trotz der lästigen Schalen kein Ende findet, wird mir stellvertretend zuteil, einige davon rascheln noch Tage in meiner Hemdtasche, und ich finde Reste später noch zu Hause in der Waschmaschine.

...

Wir sind auf dem Weg nach Yazd und machen auch später wieder einen Halt. Einer von uns muss noch diese eine Zigarette rauchen. Aus dem Augenwinkel sehe ich diese Familie dort sitzen, wobei der unrasierte Alte mit dem weißen Haar eigentlich nicht der Vater sein kann. Er geht langsam von einem Lastwagen zum nächsten Auto und erhält auf seine Frage offenbar immer wieder dieselbe Antwort. Das kleine Mädchen noch ohne Kopfbedeckung, so dass man ihr volles Haar sehen kann. Der Gesichtsausdruck der Alten: Katastrophe. Seine schüchterne Anfrage durch die noch offene Einstiegstür: warum man sie zunächst abschlägig beschieden hat, weiß auch ich nicht, natürlich können sie alle mit uns nach Yazd, und nehmen dann Platz, ja, auch seine Frau und die beiden Kinder.

...

Fahrt weiter entlang der Wüste.

Die kleine Tochter, die also ihre schönen schwarzen Haare noch nicht bedecken muss, sitzt neben der Mutter, der Sohn beim Vater. Ihr stummes Dasein, während Ramin nun wieder iranischen Pop eingelegt hat, diese auch noch etwas lauter macht, und auf dem Reiseführersitz neben dem Fahrer sitzend, schnippt und klatscht. Unser Wasser nehmen sie nicht an. Die Flasche von Ramin nehmen sie dankbar entgegen, denn natürlich haben auch sie alle Durst bei dieser brütenden Hitze und der fehlenden Klimatisierung.

Ab und zu sieht man verwahrlost wirkende Ziegelbauten, unfertige oder verlassene Behausungen aus Beton, Pläne für ein gemeinsames Leben oder Erwerb, die sich nicht verwirklichen ließen oder irgendwann zerbrachen. Ab und zu hat man das Gefühl: Hier wurde gerade eben noch gewohnt, das Grundstück von einem Moment auf den anderen verlassen, wie anderswo es irgendwann ganze Volksstämme getan haben, ohne dass man etwas über ihre Gründe und ihr Ziel erfahren hat. Auch hier am Straßenrand immer wieder Plastikmüll, in der Entfernung ein einsamer Baum, groß, und man denkt: Fata Morgana, ein Bergrücken noch weiter weg im matthellen Bunt.

...

Irgendwann dringt durch: Tod ihres Bruders, Verkehrsunfall, sie kommen gerade von der Beerdigung; die Kinder freuen sich über die schlichten kleinen Geschenke, die wir ihnen machen können (Stifte, Bonbons, Cappies).

Was ich bisher auch nicht wusste: *Paradies* ein Wort aus dem Persischen, nicht aus dem Griechischen, wie ich dachte.

...

Die Karawanserei, die etwas versetzt liegt von der Hauptstraße, ja, sie wäre *das* Hotel, obwohl nichts drum herum außer verblühte Steppe. Einhellig die Vorstellung: Schlafen auf dem Dach bei sternenklarem Himmel. Alles neu renoviert und gepflegt wie ein Schatz, (weil wir vorhin gerade beim Thema waren: auch die Toiletten – die Wasserhähne wie auf einem alten Luxusliner). Auch hier können wir nicht einfach wieder aufbrechen, sondern lassen uns von den jungen Männern (sie mögen vielleicht achtzehn, neunzehn oder zwanzig sein) in Piraten- und Rapperkleidung (aber barfuß) wieder Tschai bringen, dazu die kandidierten Plätzchen, die es gibt in gelb und braun. Das Hotel mit den schönen Schlafsälen hinter Vorhängen, nein, es gehört nicht ihnen, aber sie haben alle Arbeit. Einer, der am nettesten anzusehen ist von ihnen, verneint es verlegen und wird etwas rot: Es ist keine Schminke, kein Nachziehen der Lider mit Kajal, wie auch ich dachte. So sehen sie eben aus hier.

Wir sitzen im großen Kreis auf Kissen, die Teppiche in den bekannten Musterungen, und auch sind sie alle verschieden, ein wunderschöner Raum auch dieser, durch Wandbehang und die Vasen in den Vorsprüngen und Fensternischen. Auch unsere Gäste sind dabei, der alte Bärtige, er ist sichtbar erschöpft und sitzt ganz alleine bei sich, wohingegen die Kinder ihren Spaß daran haben, was alles noch aus unseren Taschen zum Vorschein kommt. Auf dem Dach, von dem man auf den Innenhof mit dem leeren Brunnen blickt, und in der Ferne die Lastwagen auf dieser Hauptroute zwischen Orient und Asien hört und sieht, hat er Auskunft erteilt: Siebzig Jahre, mit den beiden Kindern aus späterer Ehe sind es insgesamt acht.

...

Ankunft am späten Nachmittag. Auch den Kindern gibt man wohl nicht die Hand zum Abschied, ganz zu schweigen von der armen Mutter, die ihren Bruder verloren hat. Dagegen ist die innige Umarmung unter Männern Brauch, und so spürt jeder von uns seine kratzigen Stoppeln. Kuss auf die Wange und seine Tränen. Ich gebe zu: ich bin sehr betroffen, wie sie jetzt dastehen am Straßenrand, erschöpft: Sie können sich wohl wenigstens in dieser Stadt ein Taxi leisten.

YAZD SAFAIYEH HOTEL -

Das Essen, wie gesagt, man kommt gar nicht mehr davon los, und ich finde es überhaupt nicht monoton, wie es mir zuvor geschildert worden ist. Gerade auch das Brot wäre viel zu schade, um übrig gelassen zu werden. An einem der Nachbartische, ich hör's, eine Reisegruppe aus Südschweden. Ansonsten ist es leer. Unser Fahrer, ein zierlicher älterer Mann mit einem feinen, asiatischen Gesicht, er kann uns leider nicht weiterfahren, nein, nicht einmal bis zum Abend bleiben oder gar hier übernachten. Er möchte gleich nach dem Essen zurück nach Haus zu seiner Familie. Die Münchner Journalistin: Auch sie stört sich nicht an dem strengen Alkoholverbot hierzulande, explodiert aber, als ich das von ihr geschilderte allgemeine Rauchverbot in New York (von dem ich noch nichts weiß) ohne Weiteres begrüße. DANN SARG DICH DOCH EIN! Aber eigentlich müssen alle lachen.

YAZD -

Der junge Fahrer, den wir dann für diesen Abend haben: Offenbar haben solche wie wir ihm gerade noch gefehlt, zumindest langweilen wir ihn zu Tode, womit genau weiß ich auch nicht. Sein müder Blick aus dem Auto, während wir Eis essen. Ein Gesprächsversuch meinerseits bleibt gänzlich unerwidert. Vor uns: die AMIR CHAGHMAGH-MOSCHEE Die Männer hier: sehr viele Afghanen, Flüchtlinge und billige Arbeitskräfte.

...

Später sitzen wir in diesem Park, in den es auch die Jugend zieht. Die gemeinsame Wasserpfeife und die Getränke wären eigentlich direkt vom Kiosk zu holen, aber der junge Mann bringt uns, was wir wünschen. Ein leichter warmer Abend, und wir sehen den Menschen zu: Aus den großen Boxen, die man hier aufgestellt hat, tönt etwas übersteuert iranische Popmusik, auf den Diwans sitzen Paare nicht anders als bei uns, außer dass sie eben in der Öffentlichkeit keinen Alkohol anrühren dürfen ohne

Strafen wie im Mittelalter. Familien mit ihren Kleinkindern und Babys, es ist schön hier zwischen Rosensträuchern, Tabakdampf und Laternen. Bloß fehlt mir immer wieder das Gespräch, das, wenn überhaupt, aber nur über Ramin zu führen wäre und daher kein richtiges Gespräch, sondern eine Abfolge von Fragen und Antworten wird. Viel schwerer wiegt aber, dass die Männer auch hier wenig mitteilsam sind und das Gespräch mit Frauen in der Regel irgendwie problematisch ist.

WELTKULTURERBE -

Die Freitagsmoschee: Leider stehen Gerüste an den beiden Minaretts, so dass ein professionelles Foto vom Eingang kaum lohnt. Was mich im Augenblick mehr noch als die Reliefs und Gebetsrituale interessiert, ist das Gespräch zwischen der Münchnerin und der jungen Frau, die zusammen mit ihrer männlichen Begleitung zuerst aus der Entfernung die kleine Reisegruppe beobachtet hat, um dann (es werden soeben die Reliefs und Kacheln erläutert) immer näher zu rücken, jedoch immer mit Bedacht darauf, selbst nie ins Bild zu kommen, wenn einer von uns den Auslöser betätigt.

Kann man den Iran in zehn Tagen begreifen?

Kurz darauf freut sich ein alter Geistlicher mit zahnlosem Mund über die Bilder, die ich von ihm mache. Übersetzung: DAS IST JA TOLL, JETZT WERDE ICH BERÜHMT! lacht er, als er sich auf dem kleinen Kameramonitor erkennt. Und mich strahlt ein gutmütiges rundes Gesicht an.

Abends sitze ich in der kleinen Hotellobby. Ich warte: Hinter den Holzwänden befinden sich keine Wahlkabinen, sondern die Anschlüsse ins Internet. Drei junge Frauen, sie chatten wohl, wie es auch hier jetzt zunehmend Mode ist, auf der Couch gegenüber drei junge Männer mit gestylten Lockenköpfen und Handys in den Händen, einer von ihnen betreut offenbar die Computer. Sie könnten jetzt auch Spanier oder Italiener sein, Söhne aus besserem Hause sicherlich, nett.

INTERNET 8 PM – 11 PM -

Es scheint wirklich keinerlei Problem zu sein: Dass ich die beiden jungen Frauen neben mir fotografiere, während sie eifrig Antwortzeilen tippen.

Später geselle ich mich auf der Außenterrasse des Hotels dazu. Wenn man etwas zu trinken haben möchte, geht man zum Herrn hinter der Glasvitrine und zeigt auf das, was man haben möchte und zahlt. Das Getränk wird dann von einem Kellner an den Tisch gebracht, den man gezeigt hat. Ich habe das übliche Bier bestellt. Es gibt aber nur noch Bier mit Ananas-Geschmack. Wir lachen. Hier sitzt der Nachwuchs der Oberen der Stadt in großer Runde unter Neonbeleuchtung. Wie hat Liebe unter Liebenden während des Regimes überhaupt funktioniert? MAN HAT SEHR AUFPASSEN MÜSSEN, sagt Ramin. Die Verstecke in den Parks, die gibt's wohl immer noch und auch die Trampelpfade, von denen schon immer alle wussten, so dass man sich auch dort in Acht nehmen musste und wohl immer noch muss, früher mehr als heute. Der Krieg und die allgemeine Repression, der Terror – er schildert ohne Umschweife: Sexualität, ja, man hat in der Folge lange gebraucht, um sie halbwegs leben zu können, auch später und auch im legalen Bereich. Ein guter Abend zu dritt im Freien. Und mir fällt sehr viel ein zu dem, was Ramin gar nicht erzählt.

...

Anderntags Besichtigung: Die TÜRME DES SCHWEIGENS, Shariar, der alte Totenwächter, er ist achtzig und auf seinem Maultier rechtzeitig da, auch für den Bus voller Japaner, die nach uns kommen. Ja, er hat die alte Tradition der Zoroaster noch selbst erlebt, wonach die Toten der Anhänger Zarathustras oben in den Türmen abgelegt wurden, damit sie von den Vögeln aufgefressen und dadurch dem Himmel näher gebracht wurden. Heute ist die Anlage auf ihrem Hügel verwahrlost, man sieht's, die Jugend, sie fährt eben mit den Mopeds hinauf und lässt dann ihren Müll zurück. Der Ausblick von oben auf die Stadt im Vormittagsdunst: Sie ist größer, als man unten dachte. Es wird gebaut, unentwegt, neue Siedlungen, hier und dort.

...

Ferner gesehen: Den Feuertempel. Und den Bazar: Wir essen dort eine Art Kebab, der kleine Sohn, der uns nacheinander die Sachen bringt, er ist vielleicht acht oder zehn. Antwort auf meine Frage: Schulpflicht, ja, theoretisch gibt es sie.

...

Einmal kommt uns ein alter Bärtiger mit seinem Handwagen voller Eisenteile entgegen. K. hat ihn dabei fotografiert (mit Blitz), woraufhin dieser alte Mann nicht mehr abzustellen ist mit seinem Gebrüll. Ramin dabei sehr freundlich und ruhig. Als herauskommt, dass wir keine Amerikaner sind und auch keine Engländer, sondern Europäer, hellt sich sein Gesicht sofort auf, Geste der Versöhnung und der Ärger ist für immer aus der Welt. Das passiert auf dieser Reise ein einziges Mal.

Ferner gesehen: Die verwinkelte Altstadt. Eine Teppichweberei. Teppichhändler, die uns zur Vorführung Tee servieren und dann ihre Enttäuschung darüber verbergen, dass doch keiner etwas gekauft hat, nicht einmal einen einfachen kleinen Vorleger. Der Kachelmacher, er unterbricht seine Arbeit nur kurz, um uns seine besten Stücke zu zeigen.

Yazd

Provinzhauptstadt, Zentrum der Brokat- und Seidenherstellung.

Geschichte: *Wegen ihrer günstigen geographischen Lage (Karawanenstraßen vom Persischen Golf und nach Osten) zählte sie zu den reichsten Handelsstädten. Wegen ihrer Architektur gilt Yazd als eine der traditionellsten Städte des Iran. Zur Zeit der Sassaniden galt sie als eine der Zentren der Zarathustrier. Feuertempel und die Türme des Schweigens (Begräbnistürme) zeugen noch heute von der Geschichte der Stadt. Marco Polo lobte sie als die „gute und edle Stadt". Yazd lag damals an der Kreuzung der Handelsrouten zwischen Ost und West. Die vielen überdachten Basare, die heute noch existieren, zeugen von diesen Zeiten. Seit der Zeit Marco Polos (13. Jh.) war Yazd außerdem für seine Teppich-, Seiden-*

und Brokatherstellung bekannt, eine Tradition, die bis heute in den Manufakturen der Stadt lebendig geblieben ist. Zu den wichtigen Monumenten dieser Stadt zählen die Türme in Yazd, die auch als Türme des Schweigens bekannt sind. Die Leichname der Zoroastrier wurden in diesen Türmen unter freiem Himmel gebracht, wo sie dann bis auf die Knochen von den Geiern gefressen wurden. Die Gebeine wurden dann in Felsnischen bestattet. Seit 1970 ist dieser Totenkult aus hygienischen Gründen verboten.

Einwohnerzahl: *ca. 650.000*

Sehenswürdigkeiten: Zoroastrischer Feuertempel, Türme des Schweigens und Beinhäuser, Moschee Amir Chaghmagh, Mausoleen Zendan-e Iskandar und Rokn al Din, Freitagsmoschee aus dem 14. Jh., Bagh-e Dowlatabat-Garten, die Altstadt mit ihrer reizvollen historischen Lehmziegelarchitektur.

...

Fahrt nach Isfahan, und es regnet. Unser neuer Fahrer heißt Mustafa und ist fünfundzwanzig. Der Bus ist sein Eigentum, er erwägt den Kauf eines zweiten, viertausend Kilometer fährt er jeden Monat Touristen durchs Land. Auch sein Englisch ist dürftig, oft lacht er, wenn man gerade etwas gefragt hat oder anmerken wollte. Ein netter Kerl. Wenn wir fortan zu Fuß eine Straße überqueren, dann regelt er mit der Selbstverständlichkeit eines Platzanweisers den Verkehr.

...

Einmal tanken wir und erfahren so: 169 Rial für einen Liter Diesel, 800 für Benzin...Landflucht natürlich auch hier, also kaum Nachwuchs für die Landwirtschaft, auch ein Grund, weshalb man Lebensmittel importieren muss. Und weil diese dadurch wieder teuer sind, werden sie subventioniert, vor allem Reis und Brot. Verschiedene Stiftungen, oft der enteignete Besitz der Reichen, heute verwaltet von Mullahs, sie geben heute die Fürsorge. Mineralwasser kostet übrigens zwanzig Mal so viel wie ein alkoholfreies DELSTER. Es regnet immer weiter, auch in der Wüste, trotzdem schwitzt man und schläft dabei ein.

ISFAHAN –

Das Hotel ist früher einmal die erste Adresse weit und breit gewesen. Heute soll es zumindest authentisch sein. Auf der ganzen Seitenwand des Gebäudes ist ein Porträt Khomeinis gemalt. Die Eingangshalle, man denkt: *Intourist*; es hat etwas Komisches jedes Mal, wenn die weibliche Lautsprecherstimme im Aufzug beleidigt LOBBY verkündet.

THIRD FLOOR -

Das rote Telefon hat hier noch eine echte Wählscheibe, und wenn man abends unten ein Telefonat nach Europa anmeldet, dann vergisst der Nachtportier den Auftrag genauso jedes Mal aufs Neue wie die Nummer, die man ihm dann abermals diktieren muss, worauf er sie wieder vergisst.

...

Der Weg abends über die berühmte Brücke mit ihren dreiunddreißig Bögen, die jetzt beleuchtet ist, wie für den Prospekt: Auf dem Fluss sind noch in der Dunkelheit Chador-Mädchen mit Tretbooten unterwegs. Viele Jugendliche in Viererketten, sie sind fröhlich. Oder sie rufen uns zu: HELLO, HOW ARE YOU? Um dann kichernd zu entschwinden.

...

Essen im Lokal, wo wahrscheinlich keine Touristengruppe hinkommt, die Chips-Tüten hängen nicht etwa aus Versehen an den Leuchten, wie wir erst gemeint haben, sondern als Reklame. Viele junge Paare auch hier, doch keine Frau ist hier ohne Begleitung (auch nicht auf den Straßen). Meistens sind sie zu viert und trinken Coca-Cola. Ihre Handys.

Vom Nachbartisch die Frage an Ramin, wo seine Begleiter denn herkämen. Leider ergibt sich daraus kein Gespräch, denn uns wird nämlich gerade serviert...Leider ist auch kein wirkliches Gespräch mit Mustafa, dem freundlichen Fahrer, zu entfachen. Wenn ich richtig verstanden habe: Vater Lehrer, zwei Brüder und eine Schwester gibt es auch noch. Er ist stets im blauen Business-Hemd und grauer Hose gekleidet, er schläft hier bei Freunden, damit er die Übernachtungspauschale sparen kann. Es bleibt bei netten Gesten und der freundlichen Zustimmung, sobald man etwas feststellt. Aber eben auch, wenn man etwas fragt.

...

Viele Menschen auf den Straßen auch am späten Abend. Nicht viel anders das Straßenbild hier als bei uns: Einkaufspassagen, wobei es üblich zu sein scheint, dass Kleiderladen neben Kleiderladen oder

Uhrengeschäft neben Uhrengeschäft steht. U-Bahn offenbar im Bau; Am ersten Abend muss Ramin kurz zur Polizei, um uns anzumelden, offenbar geht dies auch in jenem Kabuff an der Straßenkreuzung. Immer wieder Motorradfahrer auf dem Trottoir, überhaupt der Verkehr. Viele Polizisten, ihre Hilflosigkeit beim Regeln des Verkehrs trotz Trillerpfeife.

ABBASI HOTEL -

Der Innenhof des großen Hotels, das einmal eine Karawanserei gewesen ist: Rosen über Rosen, Wasserspiele, hier, vor dem historischen Teehaus, sitzen wieder der gehobene Tourismus und die einheimische Oberklasse. Bedienung wie im Film, das Livree und der gediegene Schnauzer lassen an eine Figur aus Agatha Christies *Death On The Nile* denken, er hat ein paar deutsche Sätze auswendig gelernt, und so sind unsere Bestellungen an den drei Abenden hier stets Bestandteil eines Auftritts. Tschai, und die kandierten gelben Plätzchen im Glas. Das Eis soll hier eines der besten sein.

...

Wir reden. Auch über das islamische Rechtssystem, Ramin erklärt's: Steinigung nur bei Ehebruch, der von mindestens drei (oder vier) Personen zweifelsfrei bezeugt werden muss, was es praktisch also so gut wie nie gäbe. So gut wie. Ja, bei einer Auspeitschung ist er schon einmal Zeuge gewesen. Was irritiert mich am meisten? Zwiegespräch am Rande, und Ramin vertraut mir seine private Bedrängnis von vor einigen Jahren an. Dass ich nach meiner Ehe eine Lebensgefährtin habe, die wie ich, mit eigenen Kindern lebt, ist für ihn zwei Sätze später Beweis genug dafür, dass die Kultur, in der ich lebe, fremd ist und fremd bleibt. Damit bin ich durchaus einverstanden. Erst im Nachhinein höre ich noch etwas anderes heraus.

Isfahan

Provinzhauptstadt

Geschichte: *Die antike Vorgängerstadt Aspadana wurde von den Arabern erobert. Hiermit begann im Jahre 643 die islamische Geschichte Isfahans und ein Aufschwung, der die Stadt zum Sitz der bedeutenden persischen Herrscherdynastien machte. In dieser Zeit entstanden bedeutende islamische Bauwerke, welche heute teilweise zum Weltkulturerbe erklärt worden sind. Als Aga Mohammed Khan Ende des 18. Jahrhunderts die Hauptstadt nach Teheran verlegte, versiegte diese Bautätigkeit und die Stadt verlor an Bedeutung. Das historische Stadtbild ist durch Paläste, eine Vielzahl Minarette und durch die blauen Kuppeln der Moscheen geprägt. Herausragend ist die Prachtanlage des Festplatzes Meydan-i-Schah und die 33-Bogen-Brücke über den Sajende Rud. Nach der Stadt ist auch der feine handgeknüpfte Perserteppich Isfahan benannt.*

Einwohnerzahl: *Etwa zwei Millionen*

Sehenswürdigkeiten: *Imam Moschee, Freitags-Moschee, Scheich Lotfollāh-Moschee, Vank-Kathedrale im christlichen Armenierviertel Dschulfa, Schwankende Minarette, Zoroastrisches Feuerheiligtum Ateshgah, Ali-Qapu-Palast am Meydan, 40 Säu-*

len-Palast mit schönen Wandmalereien, Garten-Pavillon Hasht Behesht, 33-Bogen-Brücke.

...

Der junge Teppichhändler hier, er hat uns schon vor dem Betreten der Moschee zu einem anschließenden Tee in seinen Geschäftsräumen überreden können. Er ist vierunddreißig, hat allein hier in der Stadt drei weitere Filialen.

Augenblicke später sitzen wir wie zur Schulung und wohnen seiner Präsentation bei. Seine Eloquenz: Vater vor der Revolution fünfzehn Jahre in Hamburg (Freihafen); er führt uns alles vor und es ist auch gar nicht schwer zu verstehen: THE NUMBER OF KNOTS PER INCH INDICATES THE QUALITY. Dann die verschiedenen Ursprünge: Maschhad, Afschar, Nā'in, Täbris, Isfahan. Er hat einen kleinen, feinen alten Herrn unter seinen Angestellten, ein kleiner Kopf mit weißem Haarkranz und Bart, er bringt uns zweimal Tee und die kandierten Plätzchen. Er lächelt, selig irgendwie, während der junge Mann mit seinem zurückgekämmten Haar immer wieder betont: HE IS MY BABY.

Dass sich hierzulande Diners Club und American Express wohl nicht schicken, stört ihn wenig: Er hat einfach immer diesen Apparat zur Hand, in dem man gegebenenfalls selbstverständlich einen Print ziehen kann. Er stammt halt aus der Filiale in Dubai.

...

Das ist also der berühmte MEYDAN-E IMAN! Ja, die Stalagmiten-Fliesen in den Toren zur Freitagsmoschee sind wirklich wunderbar, überhaupt, hier merkt man, dass das Land noch kaum den Tourismus kennt, es gibt sie zwar auch hier, die Andenkenverkäufer und ein paar bettelnde Kinder, die kleine Wunschkarten an den Mann bringen wollen, aber wenn einen jemand anspricht, dann ist es jedes Mal aus reinem Interesse und nicht Berechnung.

Auch die Miniaturenzeichner, die uns gerne ihre Künste zeigen, auch sie sind auf eine sehr noble Weise freundlich und zurückhaltend, ihre aufwendigen Abbildungen von historischen Schlachten oder auch von Landschaften und Frauen rechtfertigen die Preise in Dollar und Euro, sie würden den Kunden nie bedrängen, genauso wenig wie die Männer hinter den Bergen von Pistazien, die nachgerade voraussetzen, dass man erst ihre Ware prüft, und dann entscheidet. Wir haben gesehen: Die Topfmacher unter den Arkaden, die den ganzen Tag auf ihre kupfernen Kessel einschlagen, bis sie die passenden Formen angenommen haben, den richtigen Zweck erfüllen. Die Gold- und Silberschmiede, (die Teppichhändler), die Wasserpfeifen in allen Größen. Man hätte weitaus mehr Safran kaufen sollen, der bei uns so teuer ist.

...

Es ist übrigens herzzerreißend melancholisch, wenn uns Ramin etwas vorsingt, um zum Beispiel die überwältigende Akustik des Musikzimmers im ALI-QUAPU-TORPALAST zu demonstrieren, die Arme dabei verschränkt und die Augen schließt. Oder in der überwältigenden Freitagsmoschee. Oft ist man geradezu betroffen von seiner gelassenen Fürsorglichkeit und der behutsamen Art, uns immer wieder auch die kleinen Dinge des Alltags im Iran zu eröffnen. Ein guter Mensch. Nein, ich kann mir nicht vorstellen, wie er über uns denkt.

...

Ich habe zum ersten Mal Stör gegessen hier.

...

Wieder im Internetcafé des Hotels. Die junge Frau, die jetzt am Nachmittag die Computer beaufsichtigt und anschließend die Gebühren zu kassieren hat, sie kehrt, nachdem sie für mich das Passwort eingegeben hat, an ihren Platz zurück: Lehrstoff. Aber sie hat auch einen Discman neben sich, offenbar hört sie George Michael *(Star People)*, und leider muss ich sie gleich wieder stören: ich habe keinen Anschluss mehr, schon wieder, und so beugt sie sich von der Seite zur Tastatur, und ich blicke um mich. Wir sind alleine in diesem Raum, doch durch die Glasfront kann man ihn von der Hotellobby einsehen. Ich vermute tausend Augen, die es wahrscheinlich gar nicht gibt, jedenfalls nicht so, wie ich mir das vorstelle immer noch. Es dauert lange, sehr lange, bis sich das Modem wieder einwählt.

WHERE ARE YOU COMING FROM? – und auch sie scheint sehr unbekümmert zu sein. Auch ihr Parfüm kenne ich von uns, ihre Turnschuhe sind von ADIDAS. Seit ich hier bin, fallen mir Marken auf.

Das Sanduhrzeichen ist wieder weg und die Seite bleibt wieder stehen. Was sie will: TO BECOME AN ARCHITECT. Endlich anständige Häuser bauen, denn das sei alles so geblieben: SPOILED FLATS WHEREEVER YOU GO, so geblieben wie aus der Zeit, die sie selbst gar nicht erlebt hat. Ihre Vorstellung von der urbanen Zukunft ihres Landes: A MORE OPENMIN-

DED SOCIETY. Meine Zwischenfrage, ob sie denn keine Schwierigkeiten bekäme, wenn sie mit mir spricht, begegnet sie mit einer Gegenfrage: DID YOU SEE ANY IRANIAN PEOPLE SO FAR?

Ihr Hinweis auf die Party ihres Bruders übermorgen, aber ich schrecke vor der Einladung zurück, dabei erlebt auch die Münchner Journalistin ähnliches. Wir haben zum zweiten Mal in diesem großen traditionellen Lokal gegessen, dessen Besitzer, der lange in den USA gelebt hat, mitbedient. Die Münchnerin hat, wir sind gerade am Gehen, jene junge Frau angesprochen, deren hochgeschnittenes Kostüm wohl so gerade eben den offiziellen Anforderungen entsprechen soll.

Später ist nicht nur sie, sondern gleich die ganze Gruppe für den kommenden Abend eingeladen: Geburtstag einer Freundin, so viel höre ich im Nachhinein heraus. Die Absage erreicht Ramin dann am nächsten Tag über Handy: Tod in der Familie, er lächelt darüber. Gastfreundschaft im Iran als eines der obersten Gebote, eine Absage ohne adäquaten Grund also Verlust des Gesichts.

...

Die armenische Kirche: In ihrem Museum befindet sich neben anderem ein einzelnes menschliches Haar. Nur durch das Mikroskop kann man den armenischen Spruch, den ein Künstler darauf verewigt hat, erkennen. Mich fasziniert vor allem wieder das Schauspiel, das ich über das Geländer des zweiten Stockwerks verfolge: Sind es zwanzig oder dreißig Schüler? Doch diesmal scheitert der Gesprächsversuch wohl an der Sprache.

...

Wieder Überlandfahrt. Hin und wieder sieht man halbfertige Autobahnen, sechs Spuren ohne jeglichen Verkehr, wir hören wieder einheimische Musik, das dumpfe Schnauben der Rohrflöten, einmal halten wir für die Zigarette an einem kleinen See, der mehr ein Tümpel ist, und gehen einmal durch den leeren Ort, der gleichermaßen zugemüllt ist. Fahrt durch Hügellandschaft aus Geröll und Sand, hin und wieder kleine Orte inmitten grüner Bepflanzung, einmal überholen uns nacheinander zwei neu-glänzende Streifenwagen (C-Klasse) mit rotierenden Kreisellichtern: es scheint nicht so, als hätten sie ein Ziel.

Einmal der Halt in einem Ort beim Bäcker, Reiseproviant, es wird ein ganzer Karton gepackt, doch daneben befindet sich ein Lokal, in dem gibt's Tee, aber auch eine Wasserpfeife – ja, uns geht es gut auf dieser Reise.

...

Später rollen wir ohne jegliche Beschilderungen, aber der Fahrer, nach Tagen immer noch in demselben blauen Businesshemd und derselben grauen Hose, er weiß offenbar die Himmelsrichtung auf der unvollendeten Autobahn. Wir hören abermals Elsa von Kamphoevener *(Besuch beim Kadi)*, nachmittags erreichen wir Kashan, es gießt plötzlich in Strömen und ich sehe Menschen: ja, sie tanzen wirklich im Regen.

Essen am Büfett, die Wirtin ist aus Lancashire und ich in Birmingham geboren, wir unterhalten uns später kurz am Rande, I'VE HEARD, IT'S NOT THAT EASY OVER THERE, sagt sie, meint Deutschland, und trägt das Kopftuch. Wie ist es denn hier? Diese Frage kann am Tisch weder richtig gestellt noch von ihr ausführlich beantwortet werden, denn jetzt kommt auch noch eine große Reisegruppe von Auslands-Iranern aus der Schweiz, inmitten von ihnen - der Hüne! Nein, was für eine Überraschung! Er hat dazwischen schon wieder zwei andere Reisegruppen chauffiert.

...

Später Kurzstopp in Qom. Erst seit wenigen Wochen ist auch Ausländern der Zutritt in die Grabmoschee gestattet, sagt man, indes: wir brauchen einen offiziellen Begleiter. Gespräch der Gruppe mit einem Mullah, der so etwas wie die Öffentlichkeitsarbeit macht, und ich höre weg. Es ist nicht wegen des Sarges, der gerade in die Moschee getragen wird, es ist irgendetwas anderes, auch mit den Menschen, die hier anders sind, als an den anderen Orten, irgend etwas erscheint offenbar nicht nur mir unheimlich an dieser Szenerie.

Sind wir hier Eindringlinge?

...

Rückkehr nach Teheran.

Nein, ich bin nicht aufgelegt für den Boss von der Agentur, der nun gerne hören möchte, wie die Reise war...Später sitzen wir im sechsundzwanzigsten Stockwerk mit Ausblick auf die nächtliche Hauptstadt. Ramin will wissen, wie wir seinen Chef fanden. Wir trinken ein vorletztes Mal alkoholfreies Bier. Warum ist er verstimmt? Jedenfalls hat es den Anschein, aber jetzt geht es plötzlich darum, ob, wie er unversehens meint, Europa den Iran sowieso nur so zu sehen bereit und imstande ist, wie es Betty

Mahmoody in ihrem *Nicht ohne meine Tochter* beschreibt, was wir bestreiten. Die Münchnerin wird abermals prinzipiell, dabei habe ich nur gerade sagen wollen, dass es immer gut ist, Kritik gelassen zu begegnen, ohne deswegen Missstände zu verschweigen, Selbsterkenntnis als Zeichen der Stärke, ganz egal, ob als Person oder Nation, sie findet das Buch sowieso Mist, und ich habe es gar nicht erst gelesen. Doch darum scheint es jetzt gar nicht zu gehen: Wir sind doch eben bloß Europäer mit Werteverfall, Dekadenz und Arroganz. Widerspruch zwecklos. Zehn Tage hat es keiner gesagt: Ihr und Wir.

...

It is still dark when we arrive. Near the end of a clear, chilly autumn night with sharp stars pricking an inky sky as it begins to lighten in the east, to the side of the Elborz mountains which tower over us. I have been here many times, but never before at this time of day. I came for walks on spring days, when unseen nightingales sing with delicious liquid loudness from the bushes. For summer dinners on the terraces of the restaurants scattered up the rugged hillside. And once in a midnight blizzard, when hundreds of Tehranis also flocked here to play in the drifting snow. But now there is a barrier across the dark road, and a police car with a flashing red light stands alongside a crane set sideways astride the road that runs up beside the mountain park. This is as close as the crane can get to the spot inside the park where Hashem Anwarnieh, an armed robber, shot dead a policeman called Malek Amiri two months ago. Dozens of men in uniform mill around in the pre-dawn gloom. We pass unchallenged through the first barrier and wait by a second, maybe 50 metres from the crane. Some riot police appear, rattling along with plastic shields, and melt into the background. We are among the first here. We wait, hands in pockets against the chill, as a crowd slowly collects. They are mainly young men, but also a man and his teenage daughter, another man and his wife, maybe two other women scattered among the 200 or so men. More cars arrive with flashing lights and men with walkie-talkies crackling. One is clearly a boss. He sees the crowd is small. "Let the people get closer!" he shouts. Barriers are moved, and the crowd surges alongside the park wall until they are just across from the crane. We, the press, are allowed to go as close as we like. Hanging back a little are the family of the murdered policeman. A grizzled old man with a tight-fitting pointed cap. An old woman and a younger one, both in long black robes. The younger one is smiling. More cars arrive, and a police van which parks alongside the crane. Hashem is inside. Photographers and cameramen crowd around and take his picture as he sits and waits. For quite a long time. I wonder whether he wants to get it over with, or to cling to each last moment. A dark Mercedes and another car arrive and officials get out. The engine of the crane has started by now. The crowd, who have been chatting idly like people waiting for anything, becomes alert. There is a buzz as Hashem Anwarniah is brought out of the van. He is surrounded by a small crush of officials, and the jostling cameramen move in close. The crowd shouts, just a confused roar, probably telling the photographers to get out of the way so they can see. Hashem is, perhaps, 30 and has a moustache and is quite good-looking. He seems normal but a little nervous. Perhaps he has been drugged. At one stage he exchanges a joke with one of the officials, and smiles. Then he glances up and sees the hook of the crane which is dangling above his head. Someone ties a cloth around his eyes. A vivid blue nylon rope appears, with a hangman's noose at one end. Someone ties the other end to the hook of the winch. Then the noose is placed around Hashem's neck. For some reason, his blindfold is taken off. He stands there for a while, looking around for the last time. Then a small mask is brought, and fitted over his eyes. The last thing he sees is the bank of cameras about two metres away, filming and photographing the end of his life. An official comes up to the dead policeman's family and says: "Come and watch." They move forward closer to where Hashem is standing. He squares his shoulders and moves his head to make the noose sit more comfortably. A man in a black suit standing beside Hashem raises his hand, and signals to the crane operator. The rope goes straight. A pause and then another signal, and it rises slowly and gently, taking Hashem with it. It seems somehow normal. The crowd goes suddenly quiet. The old woman in black, looking up as her son's killer rises into the dawn, says quietly over and over: "Akheish, akheish... what a relief, what a relief." It is surprisingly peaceful. There is no shouting or kicking. Within seconds, Hashem looks as though he has fallen asleep, his head at an angle. It is very simple. For perhaps a minute, a slight tremor runs through his dangling legs, then all is still. I have a moment of envy. He is suddenly at peace, and we are not. On the ground beneath him, all that is left are the cheap, grubby orange plastic sandals he was wearing when he arrived. The policeman's family are ushered into an official car and driven off. Islamic justice has been done. And seen to be done. People begin to drift away, glancing up at the still body as they go. As we walk down the hill and look back, Hashem is still hanging from the crane in front of mountains now bathed in the honey glow of the rising sun he did not see. EYEWITNESS: EXECUTION IN TEHRAN BBC, SUNDAY, 27 OCTOBER, 2002.

...

Der Abflug in aller Herrgottsfrühe. Nach dem Start werden die ersten Kopftücher abgenommen, und man sieht eine Zeit lang noch die schneebedeckten Berge. In Frankfurt lange Schlangen bei der Passkontrolle. Als die Schlange für EU-Bürger endlich geöffnet wird, entschuldigt sich der junge Beamte mit den Worten: WIR HABEN HEUTE SCHON VIELE GEFANGENE GEMACHT. Er schmunzelt: JA, WIRKLICH.

Auf den Monitoren läuft immer noch CNN und NTV. Es hat geknallt in Bagdad, schon wieder.

(2004)

Kolchose in der Nahaufnahme

Die lettische Hauptstadt ist geprägt von Klassenunterschieden. Das gilt auch für die Taxis. Westliche Limousinen neben russischen Wolgas. Ein Fahrbericht.

Der Bodyguard mit der Wölbung unter dem Jackett hat mich in den vergangenen Tagen immer am Haupteingang empfangen und mich zum Lift begleitet. Denn mein Hotel, das von einer schwedischen Baufirma installiert worden ist, befindet sich über dem eigentlichen Hotelpalast in der Innenstadt.

Wortlos begleitet er mich jetzt zum bestellten Taxi. Den Preis hat er offenbar auch dem Fahrer gesagt, der meinen verschlissenen Hartschalenkoffer jetzt wie einen Wertgegenstand behandelt. "Good bye, Sir."

Einstieg in Opas gute Stube: Der Beifahrersitz des Wolga als Sofa, Hilfe, ich ertrinke. Kein richtiger Sicherheitsgurt (eine Art Plastikband), dafür rosafarbene Plastikrosen in einer Plastikvase. Der Schalthebel könnte auch Teil eines Stellwerkes sein. Oder eines Kamins.

Ich schlage meine Tür zu. Blech. Ist das hier nicht ein Opel Kapitän? Neugierig-aufmunternd betrachten mich zwei Augen eines gutmütigen Bauerngesichts: Kolchose in der Nahaufnahme. Er fragt etwas, es klingt nach "Airport", sicherheitshalber mache ich die passende Bewegung dazu. Stutzt er jetzt?

Wir fahren. Nein, wir starten, beziehungsweise: Er, der Gutmütige, dreht sein Schlüsselchen, und ein paar Lämpchen flackern müde auf. Er murmelt. Zweiter Versuch. Geräusch, als sei irgendwo ein gespanntes Drahtseil gerissen. Hm. Abflug nach Kopenhagen in einer Stunde. Ich müsste eigentlich schon am Check-In stehen, verlangt man hier. Ich hätte auch eine Volvo-Stretch-Limousine haben können. Es eilt.

Dritter Versuch. Ich glaube, jetzt hat sich kurz etwas gedreht. Wir schauen uns an.

Minuten später. Der Bodyguard ist natürlich nicht mehr da, jetzt bräuchte ich ihn. Nicht als Waffenträger, sondern als Dolmetscher: Wann ist dieses Auto zuletzt gefahren? Wir stehen immer noch vor dem Hoteleingang. Es hat sich eine Schlange schwarzer Limousinen hinter uns gebildet, ganz hinten steigt jemand aus, um zu sehen, was da los ist.

Vierter Versuch. Langsam folgt der Motor dem durchgetretenen Pedal. Das ganze Auto wackelt, und mein Kolchosbauer strahlt über beide Backen: "Jaaa!", ruft er, als sei ihm soeben ein unglaubliches Experiment geglückt.

Abfahrt ohne Schalldämpfer, kann das sein? Die Tachonadel wippt sich zitternd in die Höhe, es knistert, rattert und klingelt aus allen Ecken. Das Alter des Wagens wäre Gesprächsstoff, wenn ich Russisch oder Lettisch könnte. Oder sein monatlicher Verdienst.

Altersschwach humpelt der russische Kapitän von einem Schlagloch zum nächsten, ich rolle auf meinem Beifahrersofa hin und her, die Scheiben sind beschlagen, erst hat er den alten Lappen in der Hand, auf Höhe der Ausfallstraße wischen wir gemeinsam.

Ich verstehe schon, was er mir sagen will mit seiner Gestik: Der *sowjetische Mercedes* ist zuverlässiger als jede Sanduhr.

Unser Einvernehmen ohne verbale Verständigungsmöglichkeit: ein schauderhaftes Wetter. Dabei hat er etwas Leutseliges: Sein gespanntes Erwarten meiner Grimassen, jedes Mal, wenn wir in eine Kurve fahren und hinter uns etwas auf dem Asphalt schleift.

Ich vergewissere mich noch einmal und lasse meine Hand vom Schenkel aufsteigen. Habe ich Geräusche eines Flugzeugs nachgemacht? Seine Reaktion: War das ein Lachen oder Kopfschütteln? Fünfundzwanzig Minuten bis zum Abflug. Ein Absterben des Motors an der nächsten Ampel, und ich säße fest. Warum sieht man in einer fremden Stadt dem Wetter an, dass das Wochenende naht?

Der vierte Gang ist übrigens überflüssig, zumindest wenn annähernd so etwas wie Beschleunigung gefragt ist. Oder fährt der Mann mit angezogener Handbremse?

Auf der Schnellstraße auswärts sehen wir wieder kaum etwas. Ich wische nicht nur meine Seite, sondern strecke meinen Arm bis über das voluminöse Lenkrad. Das heißt: Ich stemme mich aus dem Sofa, den Gurt-Ersatz um den Bauch.

Es ist nicht direkt kalt, zumindest nicht mehr an den Füßen. Dumm ist das Fehlen eines Gebläses.

Jetzt sehe ich's erst: Gardinchen mit Pokémons an der Heckscheibe, zerschnittene Aldi-Tüten als

Schonbezüge für die Rückbank. Sein Lächeln, als ich mich wieder nach vorne drehe und im Sofa ersaufe.

Am Terminal kann ich mein Glück kaum fassen: Eine Viertelstunde bis zum Boarden. Ich stecke ihm schnell den Schein zu, reiße ihm den Koffer aus der Hand und renne.

Erst an der Sicherheitskontrolle fällt mir auf: Die Kameraausrüstung - ich habe sie vor lauter Stress auf der Rückbank vergessen! Achttausend Mark. Wie lange kann ein lettischer Taxifahrer vom Gegenwert leben? Minuten später habe ich mich bereits mit dem Umstand abgefunden. Natürlich habe ich das Kennzeichen nicht notiert. Polizei wäre sinnlos. Wenigstens das Filmmaterial liegt gesichert im Koffer. Verspätung: Ich trinke einen Kaffee und blicke auf das triste Rollfeld.

Dann ein Uniformierter mit suchendem Blick, der dann wieder verschwindet, um einen Augenblick später mit meinem Taxifahrer zu erscheinen: Die Kameraausrüstung geschultert und außer sich vor Freude, dass der kopflose Fahrgast doch noch anzutreffen ist. Ich habe kein Bargeld mehr, nicht einmal Dollars. Er ist aber auch schon wieder weg. Er hat mir noch "a good flight" gewünscht. In gebrochenem Englisch.

(2001)

Persönlicher Feldzug

Am Anfang stand wohl auch bei Jutta Rabe die Suche nach der Wahrheit. Doch dann entwickelte sich die selbsternannte *Estonia*-Expertin von *Spiegel-TV* schnell zur PR-Frau in eigener Sache. Und die Meyer-Werft freute sich.

Es war am 27. September letzten Jahres, und in seinem SWR-Talk *Menschen der Woche* hatte Frank Elstner gerade diese Frau mittleren Alters zu Gast, die oft wie eine überdrehte Klassensprecherin oder übermotivierte Kreisdelegierte der Jusos wirkt. Jutta Rabe war mal wieder gekommen, um als Heldin aufzutreten, als ganz und gar unerschrockene Wahrheitssucherin, als einzig wahre Expertin.

Es ging um ihren Spielfilm *Baltic Storm*, der im Herbst 2003 in die deutschen Kinos kam, der ein Massenpublikum ins Entsetzen über finstere Mächte führen sollte, jene verschwörerischen Kräfte, die alles verleugnen und vertuschen, die lügen und fälschen. Jutta Rabe, Jahrgang 1955, war abermals gekommen, um sich huldigen zu lassen.

Doch dann kam dieser dumme Satz. Von Schweden (sie sagte dies im Tonfall der früheren Perwoll-Werbung: „*Manche* nehmen eben immer noch das *falsche* Waschmittel") hätten die Deutschen ja immer noch dieses Bild von einer freien Gesellschaft. Das sei in Wahrheit aber alles ganz anders. Schweden sei ein Land, das von einer Art von Regime regiert werde, das die Wahrheit verdunkle. Das habe man ja schon bei der Suche nach dem Mörder von Olof Palme gesehen. Bei der *Estonia* sowieso und letztens auch beim Mord an der schwedischen Außenministerin Anna Lindh. In Schweden wisse jedes Kind, dass Anna Lindh ein uneheliches Kind von Olof Palme sei. Da gäbe es einen Zusammenhang. Aber der solle mal wieder vertuscht werden. Frank Elstner erwiderte auf diese Geschmacklosigkeit, dass er diese Behauptung nun nicht auf die Schnelle nachprüfen könne, und wünschte Jutta Rabe für die Zukunft alles Gute.

Schon früh hatte die ehrgeizige Reporterin für mehrere Aufsehen erregende Beiträge von *Spiegel-TV* verantwortlich gezeichnet. Kurz vor der Schiffskatastrophe drehte Rabe eine Reportage, die von angeblichen Forschungen an angeblich illegal abgetriebenen Föten handelte. Es ging auch um den angeblich illegalen Einsatz eines angeblich illegalen Abtreibungsmittels namens Nalador. In Deutschland wurde der Beitrag kaum zur Kenntnis genommen, in Russland sorgte der dortige Fernsehsender NTW durch die Ausstrahlung aber für helle Aufregung: Das Moskauer Gesundheitsministerium drohte Rabe mit rechtlichen Schritten, der damalige Ministerpräsident Viktor Tschernomyrdin setzte eine Untersuchungskommission ein. Schnell stand fest: Rabe konnte keine ihrer Behauptungen auch nur ansatzweise belegen. Nalador ist bis heute ein gängiges Präparat, sowohl in Deutschland als auch unter anderem in Frankreich und in der Schweiz.

Der Reporterkarriere tat dies aber keinen Abbruch: Nicht weniger als vierzehn Beiträge allein über die *Estonia* wurden von Jutta Rabe im Auftrag von *Spiegel-TV* produziert. Heute lagern diese sämtlich im

Giftschrank im Verlagshaus an der Hamburger Ost-West-Straße. Und Chefredakteur Stefan Aust ist nicht mehr gut auf die ehemalige „freie Mitarbeiterin" zu sprechen. Er legt Wert auf die Feststellung, dass „Frau Rabe nie für den *Spiegel* tätig" gewesen ist.

In Schweden wurde der Name der *Spiegel-TV*-Reporterin schnell zum Synonym für eine äußerst umstrittene Art der Berichterstattung. Hatte sich die Deutsche dem Anschein nach anfänglich noch um eine kritische Bestandsaufnahme der durchaus fehlerhaften Arbeit der Untersuchungskommissionen und der ihr zuarbeitenden Behörden und Institutionen bemüht, meldete sich Jutta Rabe später ausschließlich als aggressive Verfechterin nachgerade beliebiger Attentatstheorien zu Wort. Jahrelang war auch die abseitigste These sendefähig, wonach die Ostseefähre mal für den Drogenschmuggel, mal für den heimlichen Transport von Atomwaffen von Russland über Schweden in die USA benutzt worden sei. Im einen Fall habe die russische Maffia, um eine Razzia im Zielhafen Stockholm schadlos zu überstehen, den Kapitän dazu gezwungen, bei stürmischer See das Bugtor öffnen zu lassen, um einen einschlägig beladenen 40- Tonner im Meer verschwinden zu lassen. Dann wieder waren westliche Geheimdienstler am Werk, die sich Hightech-Waffen aus Russland besorgt und diese mit der *Estonia* außer Landes gebracht hätten. Um das Treiben zu unterbinden, hätten russische Agenten das Schiff gesprengt.

Und die Meyer-Werft sekundierte fortan bei jeder neuen medialen „Beweissuche". Denn jede noch so verwegene Bombentheorie war aus Sicht der deutschen Schiffbauer willkommen, lenkte sie doch von möglichen Konstruktionsfehlern an der *Estonia* ab und schützte so die Papenburger womöglich vor eventuellen Schadensersatzforderungen der Hinterbliebenen.

Im Sommer 1995 forderte Rabe erstmals die Behörden der drei Staaten Estland, Schweden und Finnland heraus und begleitete mit ihrem Team eine Expedition, die die tote Frau des polnischstämmigen Schweden Peter Barasinski aus dem Wrack bergen sollte. Was natürlich nicht gelingen konnte. Aber die Außenwirkung war enorm.

Schon vorher behauptete die gelernte Volkswirtin immer wieder, im Interesse der Angehörigen der *Estonia*-Opfer zu agieren. Dies wird von vielen der Betroffenen energisch bestritten. Mit ein Grund: Recht bald stand der Verdacht im Raume, dass es zwischen der *Spiegel-TV*-Mitarbeiterin und der Meyer-Werft eine Nähe gab und gibt, die über die Verbindung eines Recherchekontaktes hinausgeht.

Bewiesen werden konnte das nie. Allerdings wurde es bisweilen auch manchem *Spiegel*-Redakteur schwindelig, wie unverhohlen Rabe beispielsweise mit dem häufig in den Medien als „unabhängigen Gutachter" auftretenden, in Wahrheit aber (genauso wie der Leiter der deutschen Expertenkommission, Dr. Peter Holtappels) im Auftrag der Papenburger Schiffbauer arbeitenden Hamburger Kapitän Werner Hummel in Talkshows auftrat. Man war per du und schanzte sich zuweilen gegenseitig die Stichworte zu.

Spätestens im Sommer 2000 machte sowohl unter einigen deutschen als auch bei vielen schwedischen Medienvertretern die Frage die Runde, ob – und wenn ja: inwieweit - die Meyer-Werft in die Arbeit der *Spiegel-TV*- Reporterin eingebunden sein könnte. Um die Bombenthese zu untermauern, hatte Rabe zusammen mit dem amerikanischen Wracktauchexperten Gregg Bemis im das Spezialboot *Eagle One* gemietet, um als Beweis ein von Tauchern vom Wrack abgeschweißtes Stück Schiffsstahl zu bergen. An Bord der *Eagle One* befand sich neben den Tauchern eine Schar handverlesener Journalisten wie *Spiegel*-Redakteur Thilo Thielke und – mal wieder – Meyer-Werft-Gutachter Werner Hummel. Auf schwedischen Fernsehbildern ist er dabei zu sehen, wie er Aufnahmen von seiner Person an Bord zu verhindern versucht. Zuvor war von Rabe und Hummel jegliche Zusammenarbeit kategorisch bestritten worden. Dann hieß es, der „Schiffssachverständige" Hummel habe lediglich eine Unterwasserkamera an Bord gebracht und ansonsten mit der Expedition nichts zu tun gehabt.

„Ich habe den Hummel anschließend total gefaltet", erklärt Meyer-Werft-Anwalt Dr. Peter Holtappels heute. Komisch. Denn Holtappels war damals prompt mit der Behauptung an die Presse gegangen, man habe nun endlich den „Missing Link" für den Beweis gefunden, dass die *Estonia* von einer Bombe versenkt worden sei.

Gegen Rabe wurde in Schweden Haftbefehl erlassen: wegen „Störung der Totenruhe". Die Deutsche kann seitdem weder schwedischen, finnischen noch estnischen Boden betreten, ohne das Risiko einzugehen, sofort abgeführt zu werden. Ein amtliches Siegel für Rabes Selbstverständnis als Märtyrerin im Dienste der Aufklärung.

Innerhalb des *Spiegel* war die *Estonia*- Berichterstattung indessen von Anfang an höchst umstritten gewesen. „Wir haben uns jahrelang dafür geschämt", sagt ein Redakteur, „aber Aust war in dieser Sache einfach nicht zu bremsen."

Wann man beim *Spiegel* offenbar endgültig das Gefühl hatte, die Geister nicht mehr los zu werden, die man zuvor gerufen hatte, ist nicht mehr genau nachzuvollziehen. Fest steht: Als Jutta Rabe direkt nach den Tauchgängen unversehens ankündigte, die dort gemachten Filmaufnahmen für einen Polit-Thriller verwenden zu wollen, setzte in der Chefetage bei *Spiegel* und *Spiegel-TV* schließlich eine radikale Kurskorrektur ein. Das Hamburger Pressehaus traute selbst nicht mehr der eigenen *Estonia*-Reporterin. Selbst als Rabe Proben eines geborgenen Wrackteils der *Estonia* beim Materialprüfungsamt des Landes Brandenburg und beim Institut für Materialprüfung und Werkstofftechnik Dr. Dölling und Dr. Neubert GmbH in Clausthal-Zellerfeld einreichte, Gregg Bemis dasselbe in San Antonio tat, und alle drei Labors zu dem Schluss kamen, die Deformationen rührten von einer Bombe her, misstraute das Hamburger Nachrichtenmagazin den Untersuchungsergebnissen. „Zu diesem Zeitpunkt wurde offenbar, dass Frau Rabe die Suche nach der Wahrheit als persönlichen Feldzug begreift und die Grenzen journalistischen Handelns verlässt", sagt Aust heute.

Der *Spiegel* gab ein Gegengutachten in Auftrag: Die Bundesanstalt für Materialforschung und -prüfung (BAM) in Berlin und die Firma USF Schlick im nordrhein-westfälischen Metelen konnten schließlich zweifelsfrei nachweisen, dass die Spuren das Ergebnis einer Rostschutzbehandlung, wie sie im Schiffbau üblich sind, gewesen waren. Die Zusammenarbeit mit Jutta Rabe wurde daraufhin gekündigt.

Im ersten Heft des vom 3. Januar 2000 hatte man noch der Bombentheorie eine Titelgeschichte gewidmet und „neue Enthüllungen" versprochen. Am 22. August erschien bei *Spiegel-Online* eine Agenturmeldung mit der Überschrift „Geldgier oder Wahrheitssuche", in der erstmals kritische Stimmen zu der Tauchexpedition zu Wort kamen, die mehrjährige Arbeit Rabes für den *Spiegel*-Konzern hingegen mit keiner Silbe erwähnt wurde. Zum Ende des Jahres 2000 ließ *Spiegel-TV* Interessierte wissen, dass „sämtliche Beiträge über die *Estonia* mit einem Verkaufsverbot belegt" worden seien. Und wenige Wochen später, ziemlich genau ein Jahr nach der Titelgeschichte, hieß es im *Spiegel* vom 29. Januar 2001 über Jutta Rabe: "Jahre ihres Lebens hat sie in die Bombentheorie investiert, und für sie geht es auch um Geld: Im Sommer soll mit ihrer Firma Top Story ein Spielfilm über das Attentat auf die *Estonia* gedreht werden. Da könnten Recherchen mit anderem Ergebnis stören."

Für Rabe ist hingegen klar: Chefredakteur Stefan Aust sei vor dem Druck der deutschen Regierung eingebrochen. In Stockholm wie in Berlin regieren schließlich Parteifreunde. Der Bundeskanzler und der Chefredakteur seien im Übrigen alte Kumpels. Thomas Amann, Reporter bei *Spiegel-TV*, winkt entnervt ab: „Das kennen wir allmählich alles."

Jutta Rabes letzter Fernsehbeitrag wurde nach dem Rausschmiss in Hamburg dennoch gesendet – bei *Focus-TV*, dessen Redaktion den Film offenbar naiv übernahm und am 17. Dezember 2001 senden ließ. 2003 folgte ein Buch *Die Estonia, Tragödie eines*

Schiffsuntergangs (Verlag Delius Klasing), das als „Buch zum Film Baltic Storm" (Untertitel) offenbar als eine Art besseres Programmheft dienen sollte. In dem dann fast einhellig sowohl in Deutschland als auch in Schweden verrissenen, pseudo-dokumentarischen Spielfilm, der die Verschwörungstheorie plausibel machen soll, lässt sich Jutta Rabe ungeniert als einsame Heldin zelebrieren. Jutta Rabes Alter Ego Julia Reuter sagt dann unter anderem Sätze wie „Ich habe gelernt, dass die Aufgabe eines Journalisten darin besteht, der Welt den Spiegel vorzuhalten." Es treten in Nebenrollen auch Filmstars wie Donald Sutherland oder Jürgen Prochnow auf, die vorher offenkundig nicht gewusst haben, auf was sie sich bei dem teilweise im Fachwerk-Surrounding von Goslar gedrehten Dokudrama eingelassen hatten. Kein Wunder: Der beauftragte Regisseur Reuben Leder produziert gewöhnlicherweise Massenware der Preisklasse *Texas Ranger*, *Kung Fu: The Legend Continues* und *Baywatch*.

Der Film handelt auch erst in zweiter Linie von der *Estonia*-Tragödie, und auch die 852 ums Leben gekommenen Menschen spielen in Rabes *Baltic Storm* eher eine untergeordnete Rolle. Es geht vor allem um die gestresste aber herzensgute, allein erziehende Mutter eines Teenagers, die als kämpferischer Gutmensch zum Schluss derartige Ausmaße annimmt, dass sie am Ende völlig den Blick auf die Tragödie verdeckt. Fast alle Film-Schweden wirken wie das Klischee vom bösen Osteuropäer, Rabe wird von einer Italienerin gespielt, Prochnow spielt einen Schweden. Fazit des Berliner Zeitung-Kritikers Torsten Harmsen: „Der Film wirkt wie eine Agentenklamotte auf Kosten der *Estonia*-Opfer." Der Streifen wurde groß beworben, aber in den Kinos war er ein völliger Flop. Jetzt gibt es ihn zu allem Überfluss auch noch auf DVD.

Das Drehbuch im Wesentlichen geschrieben hatte Henning Witte, seines Zeichens Anwalt in Stockholm und mit Rabe befreundet. Er war– selbstredend - auch schon Gast bei *Spiegel-TV*. Der junge Deutsche, der nach eigener Aussage für die "Befreiung Schwedens von bösen Mächten" eintritt, geht davon aus, dass hinter dem Untergang der *Estonia* der „schlimmste Massenmord der neusten schwedischen Geschichte" steckt. Zu den Pressevorstellungen sowie zur Premiere des Films in Berlin im Oktober 2003 wurde allen schwedischen Journalisten trotz halbleerer Kinosäle der Zutritt verweigert, ebenso erging es sämtlichen Mitgliedern von Hinterbliebenenorganisationen, die den Verschwörungstheorien kritisch gegenüber stehen.

„Ich finde es schon schlimm, wie wenig Rücksichten auf die Gefühle von Menschen genommen wird", sagt Mats Hillerström, der zu den wenigen Überlebenden der Schiffskatastrophe zählte. „Jutta Rabe geht es doch nur ums Geld." Hillerström gehörte zu den Befürwortern eines Aufführungsverbots in Schweden, wo der Streifen im Frühjahr in vorwiegend leeren Kinosälen anlief.

Auch der amerikanische Tauchexperte Gregg Bemis ist längst von der Zusammenarbeit mit Jutta Rabe abgerückt. „Ich halte heute das Vorgehen von Rabe insgesamt für ziemlich unverantwortlich", sagt Bemis heute. „Ihr Agieren führt zu nichts und läuft immer nur darauf hinaus, Menschen zu irritieren."
(2004)

Eine unerwünschte Reportage

Als der NDR-Chefreporter Christoph Lütgert in einer Reportage vergleichsweise unspektakulären Gründe für den Untergang der *Estonia* benannte, schickte die Meyer-Werft aus Papenburg einen Stoßtrupp nach Hamburg. Der öffentlich-rechtliche Sender kuschte, und der Beitrag verschwand zunächst einmal im Giftschrank.

Die Reportage beginnt mit bedrückenden Bildern. Ausschnitte von Filmaufnahmen eines britischen Taucherteams in 80 Metern Tiefe. Ein gruseliges, dunkles Aquarium ausschnittsweise im grellen Licht von Suchscheinwerfern: Wo kurze Zeit zuvor noch ahnungslose Passagiere Gravad Lax und Köttbullar verspeist und dazu einen Cablis kredenzt bekamen oder ein Tuborg getrunken haben, liegen jetzt Stühle und Tische kreuz und quer, eine leere Portweinflasche sinkt aus der Hand des Tauchers, der die Szenerie mit einer Videokamera dreht.

Blick in eine verwaiste Kabine, und man ist nur froh, dass auf den Videoaufzeichnungen nicht eine der rund 700 Leichen zu sehen ist, die hier an vielen Stellen des Schiffswracks anzutreffen sein müssen. Kommentar des Autors: „Keiner hätte ertrinken müssen. Und trotzdem war ihr Tod zwangsläufig."

In knapp 30 Sendeminuten sezierte NDR-Chefreporter Christoph Lütgert den Gang der Dinge nach dem schwersten europäischen Schiffsunglück der Nachkriegszeit, bei dem am 28. September 1994 mindestens 852 Menschen ums Leben gekommen waren.

Der Film *Der Untergang der Estonia – die programmierte Katastrophe* entstand acht Monate nach dem Unglück in der Ostsee und blieb bis heute einer der wenigen deutschen Medien-Beiträge, die sich abseits wirrer Konspirationstheorien mit dem Mittel der investigativen Analyse auf die nüchterne Suche nach den Gründen für den Untergang der estnischen Fähre begeben haben.

Und es ist eine Bestandsaufnahme, die es in sich hat. Deshalb landete sie im Giftschrank des Hamburger ARD-Statthalters – auf Betreiben der Erbauer der *Estonia*, der Meyer-Werft. Und dort liegt der Film inzwischen seit mehr als acht Jahren.

Der Vorstoß der Schiffbauer aus dem Emsland, gleichermaßen ungeheuerlich wie der breiten Öffentlichkeit bislang unbekannt, war allzu verständlich. Denn in dem Beitrag kam unter anderem heraus, dass ein baugleiches Schiff der Meyer-Werft, die *Diana 2*, gebaut für eine schwedische Reederei, bei schwerem Wetter am 14. Januar 1993 nur knapp an einer ähnlichen Katastrophe vorbeigeschlittert war, wie sie das ein Jahr jüngere Schwesterschiff 20 Monate später ereilte.

In derselben Nacht sank vor Rügen die polnische Fähre *Jan Heweliusz*. Offenkundig war es allein dem seemännischen Geschick und der langjährigen Erfahrung des damaligen *Diana 2*-Kapitäns Thorsten Söder zu verdanken, dass die schwedische Fähre den Heimathafen Trelleborg mit Mühe und Not erreichte.

Die Schäden am Bugvisier der *Diana 2* waren denen an der geborgenen Schiffsspitze der *Estonia* verdächtig ähnlich. Wie bei der estnischen Fähre waren die Schlösser und Scharniere derart schwach, dass die schwere Frontklappe des Schiffs um ein Haar genauso abgebrochen wäre, wie es der offizielle Untersuchungsbericht bei dem Todesschiff zumindest nahelegt.

Die dann mit den Instandsetzungsarbeiten beauftragte Schweißerei-Firma Tibab AB aus Trelleborg verzeichnete in ihrem damaligen Reparaturbericht unter anderem ein „völlig abgerissenes Steuerbord-Schloss des Bugvisiers", „Risse im Verschluss-System backbord", ein verzogenes Atlantik-Schloss sowie Risse an den Scharnieren des Bugvisiers.

Aufgedeckt wurde ferner, dass *Diana 2*-Kapitän Söder anschließend mehrmals versucht hatte, das schwedische Seefahrtsamt in Malmö zu alarmieren, um den beängstigenden Schaden an der Fähre von der Behörde begutachten zu lassen. Ein sichtlich bloßgestellter Behördenmitarbeiter namens Åke Sjöblom musste vor laufender Kamera kleinlaut eingestehen, dass die Hinweise des Kapitäns zwar der Behörde vorlagen, aber die „Alarmglocken nicht geläutet" hätten, die zuständige Institution also geschlafen hatte.

Die Warnung wurde deshalb nicht ausgerufen und dadurch auch von niemandem vernommen. Schon gar nicht von den stolzen Betreibern der frisch eingekauften *Estonia*, deren Bugvisier bereits geraume Zeit vor der Unglücksnacht immer wieder durch haarsträubende Defekte Anlass zu einschlägigen Vermerken der Inspekteure gab. Zufall oder nicht, derselbe Åke Sjöblom hatte der *Estonia* am 27. September 1994 in Tallinn schwere Mängel am Bugvisier bescheinigt. Kurze Zeit später lief das Schiff dennoch aus – mit direktem Kurs in die Katastrophe.

Die Meyer-Werft, ihrerseits von Anfang an daran interessiert, möglicherweise unzureichende Konstruktionen herunterzuspielen, um nicht eines Tages mit Schadensersatzforderungen der Hinterbliebenen konfrontiert zu werden, setzt bis heute auf die vermeintliche Trumpfkarte von Wartungsmängeln, die die *Estonia*-Ingenieure von jeglicher Mitverantwortung dispensieren soll. Dieser Schachzug soll offenbar von einer wichtigen Tatsache ablenken: Sowohl der *Estonia* als auch der *Diana 2* fehlte ein wasserdichtes Kollisionsschott.

Diese Schutzvorrichtung, nach dem international verbindlichen Regelwerk SOLAS *(International Convention for the safety of live at sea)* für den Bau von Fährschiffen zwingend vorgeschrieben und gewöhnlich zwischen Bugvisier und Autodeck vorhanden, fehlte beiden Meyer-Schiffen.

In den Baubeschreibungen für die *Estonia* (vormals *Viking Sally*) und *Diana 2* (später *Mare Balticum*), so wies Lütgert nach, wurde den beiden ursprünglichen Abnehmern der Schiffe von der Meyer-Werft aber ausdrücklich zugesichert, dass die Fähren jeweils voll den SOLAS-Regeln entsprächen und für die kurze internationale Fahrt *(Short International Voyage)* gebaut worden seien.

Dieser Terminus besagt, dass ein Schiff bis zu 600 Seemeilen nonstop fahren und sich dabei bis zu 200 Seemeilen von der Küste entfernen darf. Dabei war Meyer-Anwalt Peter Holtappels nicht nur einmal mit der Behauptung an die Presse gegangen, die *Estonia* sei auf Wunsch des ursprünglichen Kunden für den küstennahen Einsatz zwischen Finnland und Schweden gebaut worden und habe zudem wegen einer von den finnischen Behörden erteilten Ausnahmegenehmigung kein Kollisionsschott benötigt.

Vor Lütgerts Kamera wusste der Leiter des finnischen Seefahrtsamtes, Heikki Valkonen, allerdings nichts von einer solchen Ausnahmegenehmigung, sondern bedauerte vielmehr, dass seine Behörde der damaligen *Viking Sally* – dem Anschein nach mehr oder weniger ungeprüft – eine uneingeschränkte Genehmigung erteilt hatte.

Und auch der ursprüngliche Käufer der *Diana 2*, der Stockholmer Reeder Carl B. Myrsten, kam zu Wort. Dass die von ihm 1979 (ein Jahr vor dem Stapellauf der späteren *Estonia*) erworbene Fähre ebenfalls über kein wasserdichtes Kollisionsschott verfügte, kommentierte Myrsten wortkarg, aber bestimmt: „Das weiß ich heute." Nachfrage Lütgert: „Aber damals wussten Sie es nicht?" Antwort Myrsten: „Natürlich nicht."

Wie es sein konnte, dass – neben den Reedern – weder die schwedische noch die finnische Aufsichtsbehörde und auch am Ende die estnischen Kontrolleure den Mangel der Meyer-Schiffe nicht bemerkt haben sollen, konnte der Film freilich nicht klären. Er reihte nur die Fakten auf.

Zu diesen gehörte auch der unglaubliche Umstand, dass selbst die Mitarbeiter von *Bureau Veritas*, einer Art internationalem Seefahrt- TÜV mit Sitz in Paris, das Fehlen des Schotts an Bord nicht entdeckt haben wollen und der *Estonia* ein uneingeschränktes Sicherheitszertifikat ausgestellt hatten.

Der damalige Vize-Präsident Pierre Frey hatte zum Ende des Films auf die Frage, ob die Experten des Hauses nicht hätten überprüfen müssen, ob die *Estonia* überhaupt zwischen Tallinn und Stockholm fahren durfte, die irrwitzigste aller Ausreden parat: „Das steht in dem Zertifikat nicht drin. Da heißt es: kurze internationale Fahrt, das bedeutet 600 Seemeilen. Die Tatsache, dass die Fähre die Ostsee befahren sollte, wurde in dem Zertifikat nicht vermerkt."

Der arrogant auftretende Bureau Veritas-Obere hatte es offenbar nicht für nötig erachtet, sich für das Interview vorzubereiten: Die Länge der Strecke zwischen der estnischen und der schwedischen Hauptstadt beträgt nicht einmal 250 Seemeilen.

Lütgerts Film wurde zweimal gesendet, zuerst am 21. Mai 1995, dann noch einmal am 9. Juni desselben Jahres. Wenige Tage später wurde die Meyer-Werft aus dem niedersächsischen Papenburg beim NDR in Hamburg vorstellig.

Zu diesem Stelldichein fanden sich neben dem Autor auch der damalige stellvertretende Chefredakteur Dr. Joachim Wagner sowie der NDR-Justitiar Puttfarcken ein.

Die anrückende Delegation wurde vom Anwalt der Meyer-Werft, Dr. Peter Holtappels geleitet, als Sekundanten traten ferner auf: Paul Blohm, Vorsitzender des Gesamtbetriebsrates der Schiffbauer und heute Personalchef des Unternehmens, und – Werner Hummel, Kapitän und vor allem Gutachter im Dienste der Meyer-Werft.

Die Herrschaften waren mit einem klaren Ziel gekommen: Die Absetzung des Lütgert-Beitrages. Eine strukurschwache Küstenregion, eine Werft als zweitausendfacher Arbeitgeber, ein untergegangenes Schiff, eine unerwünschte Reportage.

Schon vorher hatten die Werft-Oberen alle Hebel in Bewegung gesetzt und unter anderem den örtlichen SPD-Bundestagsabgeordneten Reinhold Robbe (Wahlkreis 26, Unterems) und den Ex-Innenminister Dr. Rudolf Seiters (CDU) für eine Intervention beim NDR angestachelt.

Robbe, ganz loyaler Gewerkschafter, hatte sich den Inhalt seines Krawallschreibens an den NDR-Intendanten Jobst Plog vom 13. Juni 1995 („fragwürdige journalistische Methoden, tendenziöse Berichterstattung") der Einfachheit halber gleich vom Betriebsrat diktieren lassen, denn weite Passagen des Elaborates fanden sich in einer gleichlautenden Pressemitteilung der meyerschen Arbeitnehmervertretung wieder. Seiters wiederum gestand Lütgert später kleinlaut, dass er von der Materie keine Ahnung und die Vorgaben der Meyer-Werft schlicht übernommen habe – zur Sicherung der Arbeitsplätze in der Region.

Die plump-forsche Gangart der *Estonia*-Erbauer ist leicht zu durchschauen. Denn Lütgerts Reportage passte kaum in die verständliche Strategie der Meyer-Werft, das eigene Produkt über jeden Zweifel erhaben zu halten. Denn neben den Schadensersatzprozessen ging und geht es vor allem um das internationale Renommee des angesehenen Unternehmens.

Da entsprach schon eher der Mainstream der deutschen Medien den Geschäftsinteressen von Firmenchef Bernhard Meyer. Tonangebend war hier, was der *Spiegel* zum Thema publizierte oder über den eigenen TV-Sender laufen ließ.

Und das Nachrichtenmagazin konzentrierte sich zunächst auf die in der Tat verwirrende und im Zweifel dilettantische Arbeitsweise der Internationalen Havarie-Kommission. Dann verhedderte sich ein Teil der Redaktion in einem abenteuerlichen Gestrüpp aus – intern höchst umstrittenen – Attentatstheorien.

Dies kam der Meyer-Werft freilich höchst gelegen, hatte das fast ausnahmslos von Dilettanten besetzte Gremium doch von Anfang an der Meyer-Werft auf Grund von Konstruktionsmängeln an der *Estonia* zumindest eine Teilschuld an dem Unglück attestiert.

Der grundsätzliche Tenor, wonach womöglich eine verbrecherische Verschwörung hinter dem Untergang der *Estonia* stecke, war ab Frühjahr 1995 dominierend im deutschen Medienchor. Bis zum Jahr 2001, als sich der Chefredakteur mit seiner ehedem hochgepriesenen *Estonia-Spezialistin* Jutta Rabe restlos überwarf und in der Folge ein unheilvolles Estonia-Bomben-Konspirationskartell in sich zusammenbrach.

Gerne wurde die Deutsche Untersuchungskommission zitiert, die im Laufe der Jahre immer wieder neue, angebliche Beweise für ein Bombenattentat in die Welt hinaus posaunte. Ihr Leiter: Dr. Peter Holtappels. Ihr Financier: Die Meyer-Werft.

Vor diesem Hintergrund scheint es, als ob die Meyer-Werft – bereits kurz nach der Katastrophe offenbar längst entlastende Reportagen gewohnt – schon eine einzelne produktkritische Berichterstattung für verfänglich gehalten hat.

Möglicherweise hatte man sich über die Kehrtwende des NDR-Reporters geärgert. Denn auch Lütgert hatte anfangs ganz im Sinne der deutschen Schiffbauer beispielsweise für die Tagesschau berichtet, die *Estonia* sei vor allem auf Grund von Wartungsmängeln gesunken. Darüber hinaus sei das Schiff ausdrücklich nicht für die Fahrt über die offene See gebaut worden.

„Zu diesem Zeitpunkt hatte ich noch keine Ahnung, und Holtappels Erklärung erschien plausibel. Das muss ich heute selbstkritisch zugeben", sagt Lütgert heute. Erst mit der Recherche für seine anschließende Reportage für das Primetime-Format *ARD-exklusiv* sei ihm „offenbar geworden", dass der Meyerwerft-Anwalt ihn „zuvor aufs Glatteis geführt" habe.

Noch heute ärgert sich Christoph Lütgert darüber, dass sich Holtappels nach dem Untergang dem NDR-Reporter „immer nur als unabhängiger Rechtsanwalt und Schifffahrtsexperte sowie Vorsitzender der Deutschen Kommission zur Untersuchung der Katastrophe" vorgestellt habe. Als Lütgert Holtappels später auf dessen direkte Verbindung zur Meyer-Werft angesprochen habe, habe dieser diese pikante Fußnote „betont beiläufig, fast widerwillig" eingeräumt.

Über den genauen Ablauf des Treffens beim NDR gibt es heute zwei unterschiedliche Erinnerungsversionen. Peter Holtappels, inzwischen pensioniert, stellt den Termin als eine Art Urteil eines Schiedsgerichtes dar. Demnach soll der anwesende NDR-Hausjurist nach Anhörung der Meyer-Truppe verfügt haben, dass Lütgerts Film mit einem Sperrvermerk versehen werde. „Puttfarcken hat gesagt: Okay, das sehe ich ein, der Beitrag wird nicht wieder gesendet", behauptet Holtappels heute. „Damit sind wir dann befriedigt nach Hause gezogen."

Dieser Darstellung widerspricht Lütgert allerdings energisch. Und von einem Eingeständnis etwaiger Fehler will der NDR-Mann nichts wissen.

Nach einem längeren juristischen Geplänkel, so Lütgert, habe Holtappels die „Bitte präsentiert, der NDR möge diesen Film in der gesendeten Form nicht noch einmal ausstrahlen. Damit wäre die Meyer-Werft zufrieden."

Lütgert dazu: „Diesem Ansinnen widersetzte ich mich, weil ich die Verbreitung bewusster Fehldeutungen durch die Meyer-Werft befürchtete." Juristische Auseinandersetzungen habe man zwar nicht gefürchtet, allein: „sie hätten jedoch viel Kraft und Manpower gebunden, die sinnvoller eingesetzt werden konnten." Man habe ja nicht ahnen können, dass Holtappels „die Wahrheit dermaßen verdrehen würde, wie er es getan hat."

Was an dem Beitrag eigentlich genau beanstandet worden war, konnte heute keiner der damaligen Kontrahenten mehr sagen. Schade. Denn fest steht: Der Film wurde nach dem NDR-Besuch der Meyer-Männer nicht mehr gesendet.

Vielleicht wäre nach der Betrachtung des Films „Der Untergang der Estonia – eine programmierte Katastrophe" eine ehrgeizige deutsche Nachwuchsreporterin in der Folge nicht derart vom rechten Weg abgekommen.

(2004)

Magic Mushrooms in Suppen

Goa ist out, das Stelldichein bei Vollmond findet nunmehr auf Ko Phangan im Golf von Thailand statt. Jeden Monat kehrt am Haad Rin Beach die Party-Generation ein. Sie feiert sich bis zur Besinnungslosigkeit.

Der Schmächtige mit den Rasta-Zöpfen scheint jetzt schon weggetreten zu sein. Er hockt im Yogasitz an Deck des Schiffes, das eine illustre Gemeinde gleich von Ko Samui nach Ko Phangan bringen wird: Junge Europäer, Amerikaner, Südafrikaner und Australier, dreihundert, vielleicht sind es auch fünfhundert. Es haben weitere Kleinfähren festgemacht, jede für sich gesehen ein Schrotthaufen, die Decks voll von internationaler Party-Stimmung. Gewartet wird auf Pick-ups, die weitere Partygäste bringen.

Alle wollen zur Full Moon Party. Manche haben auf ihrer Weltreise einen Abstecher nach Thailand nur deshalb eingeplant, um einmal am Haad Rin Beach zu stehen. Seit Jahren geht das so. Monat für Monat. Früher waren die nächtlichen Stelldicheins ein Geheimtipp unter den Freaks aus der Bangkoker Khao San Road. Heute gibt's den Vollmond-Kalender bis 2002 im Internet.

Natürlich ist das Datum nur ein banales Alibi. Das wissen auch die Männer von der thailändischen Drogenfahndung, die zwar jedes Mal unauffällig, aber in Habacht-Stellung mit von der Partie sind, den Dienst vor Ort jedoch eher als eine Art informellen Arbeitsbesuch begreifen und die Handschellen allenfalls zücken, wenn ihnen der Spaß irgendwann etwas zu weit geht. Wie bei der Milleniumsparty, als der gut ein Kilometer lange Strand zwei Wochen lang Nacht für Nacht von etwa 30.000 Ravern malträtiert wurde.

Natürlich ist das wackelige Boot schon eine - wenn auch zerbrechliche - Disko. Die Rettungsringe sind festgeschraubt, die Feuerlöscher verrostet. Rettungsboote, Schwimmwesten? Fehlanzeige. Dafür gibt's Feuerwerkskörper an Bord, und zwar auch solche, die ganz aus Versehen hochgehen, wie gerade eben. Hatte es etwa jemand mit der Angst zu tun bekommen?

Die Besatzung ist es längst gewohnt, dass die wilde Truppe an Bord besinnungslos ist, bevor das erste Tau gezogen wurde.

Der Rasta ist indessen unvermittelt aus seinem Tiefschlaf aufgeschreckt und mit einem veritablen Urschrei, Kopf voran, über die Schiffsspitze in das ölige Hafenbecken entschwunden, um sich kurz darauf unter allgemeinem Applaus wieder neben mir einzufinden. Eine Jugendgruppe aus dem Thüringischen, soviel dringt durch.

Später fahren die Boote in einer ungeordneten Kolonnen-Formation. Jemand rast mit dem Power-Boot im Slalom voraus. Eine norwegische Gruppe angehender Anthropologen gibt kurz vor der Ankunft das Sandmännchen-Lied zum Besten. Alles in allem ist es nicht unnett, das Ganze hat etwas von einer Klassenfahrt. Was soll man auch sagen, ruhige Sandstrände, Palmeninseln, alles spottbillig: die Transportmittel, die Hütten, das Essen, die Frauen, die sich Männer aller Schattierungen hier für die Dauer des Trips zulegen.

Warum also dann nicht auch eine Tranceparty ausprobieren, bei diesen Preisen: Einheimische oder importierte Ecstasy-Pillen und LSD-Trips gibt's für umgerechnet 12 bis 35 Mark. Neben Ganja und Whiskey bieten die Thais auch Magic Mushrooms in Suppen und Omelettes an. In den meisten "Apotheken" gibt's auch noch Diätpillen. Die haben zwar mit Abnehmen genauso viel zu tun, wie der Haad Rin Trip mit der Sternenkonstellation, dafür sind sie ordentlich amphetaminhaltig und darüber hinaus auch noch rezeptfrei. Und wer selbst nach drei Nächten des Ravens und des High-Seins beim besten Willen nicht mehr schlafen kann, für den steht ein ordentliches Sortiment an Tranquilizern bereit.

Die Landung erfolgt per Barkassen, einige haben schon jetzt die ersten Orientierungsprobleme. Dabei muss man sich nur auf den Lärm zubewegen, der von der anderen Seite des Dorfes kommt, das am kleinen Hafen liegt. Hier liegt der Haad Rin Beach, wo einmal einfache Fischerhütten standen und heute Bungalows für einen Apfel und ein Ei zu mieten sind.

Klang von Industrie, wie auf der *Love Parade*. Überhaupt hat das Anlanden der Massen etwas von einem werktäglichen Pendeln zur Maloche. Einige tragen dem Anschein nach schwer bepackte Rucksäcke, andere besorgen sich in den diversen "pharmacies" am Wegesrand schnell noch tütenweise Wegzehrung. Was völlig unnötig ist, denn der eigentliche Gemischtwarenladen ist der Strand.

Eine Leuchtreklame weist den Weg: "Welcome to moonparty". "Goa is out", steht irgendwo. Eigentlich sind es Dutzende kleiner Partys, die hier abgefeiert werden. Oder kann von Feiern überhaupt die Rede sein? Manch einer trägt Stöpsel in den Ohren, es sind auch schon Gestalten gesichtet worden, die in ihrer Aufmachung selbst strengen skandinavischen Arbeitsschutzbestimmungen Genüge tun würden.

Im Grunde ist das Spektakel auch nur mit Gehör- und Sichtschutz auszuhalten. Hier reiht sich "Café" an "Café", und vor jedem steht eine Batterie von Boxen, die vom Geräuschpegel her jedem Großflughafen Konkurrenz machen könnten. Dazwischen bewegt sich eine namenlose Masse ziellos hin und her. Gegen zehn Uhr gehen die meisten noch mehr oder weniger aufrecht, gegen Mitternacht ist der Strand nicht nur lärmende Tanzfläche, Drogenumschlagplatz und Spielwiese für Durchgeknallte aller Art, sondern obendrein eine allgemeine Toilette.

Der Rest der Nacht ist eine zuweilen Angst einflößende Mischung aus Lärm und massenhaftem Delirium. Es kommt vor, dass Eltern aus der Ferne anreisen, um ihre Kinder der Okay-Generation zu evakuieren.

Auch die Thais gesellen sich regelmäßig als Gäste zu dem Event, allerdings fast ausschließlich als Zuschauer eines Spektakels, dem sie nicht mehr folgen können.

Am Morgen danach machen sich die ersten wieder auf den Weg. Nach Ko Tao, zur nächsten Party.

(2000)

Carry 'n Cash

Selbständig? Oder überschuldet? Oder beides? Während bei Banken oft die Tatsache einer einzigen Rücklastschrift zum Ablehnungsgrund für einen beantragten Kredit genügt, kann die „Bank des kleinen Mannes" weiterhelfen. In Augsburg gibt es das älteste öffentliche deutsche Leihamt.

Hermann R. erging es wie anderen: Er hatte mal gehört davon oder bisweilen darüber gelesen. Die Einrichtung, die aus ähnlich unglaublichen Gründen den Sprung ins Zeitalter von Telebanking und Kreditkarten geschafft haben mochte, wie manch Riesenechse die Evolution überlebt hat, kam ihm als solche (wie anderen) skurril vor. Als bizarres Relikt aus einer längst vergangenen Zeit, von der vielleicht noch Großeltern zu erzählen gewusst haben.

Leihhaus. Das Wort ließ nicht nur den Diplom-Chemiker an tonlose Filme denken, in denen die Stadt mangels beglichener Rechnungen den häuslichen Gashahn abgeklemmt hatte und man deswegen schließlich den Ehering versetzte. Der Begriff ließ die Vorstellung durch riesige Regale schweifen, voll von geradewegs dingbarer Verzweiflung und unabänderlicher Aussichtslosigkeit. Das Leihhaus als letzte Station vor dem Griff zum Strick oder den Tabletten, als letztes Netz vor dem Boden beim letzten Drahtseilakt der eigenen Biographie.

Dann dies. Kein Film sondern nüchterne Gegenwart: Hermann R., der 43-jährige Wissenschaftler, geht selbst zum Leihhaus. Nicht als interessierter Besucher einer Ausstellung, sondern, wie er's sagt, "als Betroffener".

Seine Sicht: "Als Kunde kann ich mich einfach nicht begreifen, so freundlich man mich dort auch bedient." Sondern als Bittsteller. So wie bei der Bank. Dort hat man trotz 16-jähriger Geschäftsbeziehung inzwischen einen ganz anderen Ton auf Lager.

Nämlich: Der Augsburger Familienvater steckt mit 70.000 Mark bis an die Grenze zur Überschuldung in den Miesen. Einen neuen, leichter zu tragenden Tilgungsplan hat die "Beraterbank" schlechterdings abgelehnt; Hermann R. gehört halt nicht zu jenem Drittel der Gesellschaft, das das Kreditinstitut mit Steuertipps für den Anlagestandort Luxemburg anzusprechen pflegt. Im Gegenteil. Hermann R. hat nachgerechnet und festgestellt: Seit 14 Jahren ist sein Einkommen real gesunken, während die Ausgaben real gestiegen sind. Obwohl er sich kaum mehr leistet als früher. Hermann R. kommt als fleischgewordene schlechte Massenkaufkraft daher. Seit Jahren Urlaub ohne Reisen, das Auto als Gespött der Nachbarn. Und so weiter und so fort.

Hermann R. verdient zwar mit Gutachten und Fachartikeln noch etwas zum regulären Einkommen hinzu, aber immer öfter bleiben Aussichten auf Arbeiten eben nur Aussichten, während die Raten für zwei Kredite nicht anders abgebucht werden als sonst. So kommt's.

Augsburg, die alte Fuggerstadt. Das Rathaus mit seinem goldenen Saal von Elias Holl gleicht einem Palast, die Stadt ist voll von Palästen, von Zeugnissen bürgerlichen Reichtums. Dazwischen der monströse

Dom, Riesenkirchen wie St. Ulrich und Afra und andere, gleichsam wie Wachtürme. Dazwischen huscht ein Volk von Lodenmänteln mit teuren Einkaufstüten über altes Kopfsteinpflaster hinweg. Dass ausgerechnet hier zwischen Lech und Wertach das zweitälteste Leih*amt* des ganzen Kontinents zu finden ist, das wissen nicht einmal alle Augsburger.

Denn natürlich läuft man in einer ordentlichen Stadt wie Augsburg nicht automatisch daran vorbei. Anschrift Beim Rabenbad 6, ganz hinten im Ulrichsviertel: wer sich hierher verirrt, hat oftmals kein Dach über dem Kopf. Denn ein Stockwerk über dem Städtischen Leihamt befindet sich das Obdachlosenasyl.

Das Augsburger Leihamt wurde 1603 als öffentliche, vom Rat der Stadt Augsburg kontrollierte Alternative zum privaten Pfandleihgeschäft gegründet, das besonders zwischen dem 14. und 16. Jahrhundert florierte, als kriegführende Fürsten ihre Aufrüstung vornehmlich mit Pfandkrediten zu finanzieren pflegten. Wucherzinsen prägten seinerzeit die Branche, als die Stadt ihren Bürgern bei Androhung des Entzugs der Bürgerrechte verbot, ihre Besitztümer bei freien Pfandleihern zu verpfänden. Schließlich wurden die freien Pfandleiher aus den Stadtmauern vertrieben. Bis zur Gründung des "Almosenamtes" stand ein Großteil der Bevölkerung ohne Finanzierungsmöglichkeiten da. Als die städtische Pumpanstalt gegründet wurde, folgten auch die anderen großen Reichsstädte dem schwäbischen Beispiel. Neben Augsburg gibt es heute immerhin noch vier weitere Pendants: in Köln, Mannheim, Nürnberg und Stuttgart.

In Augsburg ist die Institution seit 396 Jahren fast ohne Unterbrechung in Betrieb, heutzutage wochentags täglich von neun bis vier, Donnerstags bis fünf.

Alles ist merkwürdig hier: Eintritt in eine Schalterhalle, in der ein paar trostlose Vitrinen stehen. In ihnen werden Gegenstände aller Art feilgeboten, vornehmlich aber hässliche Klunker, Ketten oder Ringe, die niemand mehr haben wollte, weder der Versetzende noch diejenigen, die allmonatlich im alten Zeughaus an der Versteigerung teilnehmen.

Geradeaus milchige Sichtschutzfenster, wie sie nur noch Krankenwagen haben, rechts die Kassenzeile hinter Glas wie in einem Postamt. Nur einer trägt Krawatte, der Rest der sieben Angestellten könnte auch Verkäufer von Tabakwaren sein. Oder Hausboten im Finanzamt. Oder Hausmeister.

Zum Beispiel Erwin Ragutzki, der im grauen Acryl-Pulli schnell zur Stelle ist, wenn ein Kunde in die angebaute Kabine tritt, um sein Gut auf den Tresen zu legen. Anonymitätswahrung wie bei einem Kronzeugen während der Aussage.

"Den kennan's wegschmeißen", murmelt der städtische Bedienstete zu dem Paar, das mit einem Goldring vorspricht. "Als was wurde der Ihnen angedreht? Was - vierundzwanzig Karat!" Ragutzki hat mittels Schwefel und Schiefer den wahren Gehalt ermittelt: acht Karat. Sein Angebot: Siebzig Mark. Einverstanden.

Personalausweis, Pfandschein für drei Monate, zur Kasse bitte hier entlang. Keine Schufa, kein Kreditantrag, carry 'n cash. Allein von Jahresbeginn bis Oktober 1997 wurden im Augsburger Leihamt 6.120 neue Darlehen vergeben, alles in allem wurden

14.799 Deals mit einem Gesamtvolumen von über vier Millionen Mark umgesetzt.

Klebebandabroller, Bierkrüge, Diakästen. Darlehen ab zwei Mark. Wer derlei Konditionen bietet, kann nur schwerlich am Profit orientiert sein, und muss wohl vielmehr eine soziale Rolle spielen.

Inzwischen macht sich Amtsleiter Franz Mairock Sorgen wegen des Goldpreisverfalls. Sechzehn Mark siebzig wird für das Gramm Edelmetall gerade mal notiert. "Dann kann ich nämlich nicht mehr so hoch beleihen." Dabei bilden Goldringe den Löwenanteil der Pfänder, ab und zu bringt jemand einen Diamanten. Ein mit Edelsteinen eingefasstes Armband wurde letztens mit 10.000 Mark beliehen. Das kommt seltener vor. Dann schon eher Kameras, Camcorder, Fernseher, die Küchentrends von gestern, zum Beispiel Mikrowellen, die sich im Lager bis unter die Decke stapeln.

Mairock ist gelernter Bankkaufmann. Vor dem Wechsel war er Leiter des Abfallamtes. Wie empfindet man sich als Kleinkreditgeber im Namen der öffentlichen Hand? Achselzucken.

"Wir sollen uns halt selbst tragen können", meint der Mann und wirkt zufrieden. "Eine schwarze Null am Jahresende - das ist unser Ziel."

Vier Prozent Gebühren für 100 Mark, 3,5 für bis zu 500, drei Prozent für Darlehen darüber. Private Leihhäuser langen da im Zuge der Gewinnorientierung bisweilen schon ordentlicher hin.

Und die Banken. Für sie wird das Geschäft mit den Kleinkrediten angeblich immer weniger lukrativ, zumal es immer häufiger an Sicherheiten mangelt.

Zwei Millionen überschuldete Haushalte in Deutschland. Kaum ein Kreditinstitut, in dem nicht inzwischen eine härtere Gangart gegenüber chronischen Kontoüberziehern vollzogen wird.

Die 170 "Filialen" der "Bank des kleinen Mannes", sie können sich deshalb über mangelnden Zulauf nicht beklagen. Zweistellige Zuwachsraten konnte der Zentralverband des Deutschen Pfandkreditgewerbes in den letzten Jahren mitunter präsentieren. Von Geschäftseinbußen oder gar Zusammenbrüchen ist in dieser Branche seit Anfang der neunziger Jahre nicht die Rede gewesen.

Hermann R. gehört zu jenem Teil der Kundschaft, den man früher selten bis gar nicht und heute regelmäßig im Leihhaus begrüßt: Leute mit gehobenen Berufen, früher pauschal als chronisch solvent bekannt. Er hat zunächst ein Erbstück versetzt, einen wertvollen Brillanten. Dafür bekam er einen Pfandschein und einige tausend Mark. Drei Wochen später fuhr er ("wie bei einer Konspiration") nach Stuttgart und gab dort das ebenfalls geerbte Silberbesteck über den Tresen: Zweitausend Mark.

"Es kommt mir wie Verrat vor", sagt der Familienvater, "das Geschenk zur goldenen Hochzeit und die Aussteuer meiner Mutter - das verkommt in meinen Händen alles zur Währung, zu nüchternem Gegenwert." Sollte demnächst der Kelch, den einmal ein Nachlassverwalter auf neuntausend Mark geschätzt hat, zur Disposition stehen, würde er auch in diesem Fall dorthin aufbrechen, "wo mich keiner kennt und keiner sieht."

Ob er seine Teile jemals wieder auslösen kann, war ihm "am Tatort einerlei." Heute, ein halbes Jahr später, nach der ersten Verlängerung des ersten Pfandes, glaubt er nicht mehr daran.

Rechtlich könnte er ewig so weitermachen: Alle drei Monate ist das fällig, was bei Banken Zinsen heißt und sich bei Leihhäusern Gebühren nennt. Der Unterschied: Erst wenn er die eines Tages nicht mehr zahlen kann, werden Kette, Besteck und irgendwann bestimmt auch der Kelch versteigert werden.

Was bleibt, ist die Hoffnung auf bessere Zeiten. Aber mit denen ist es wie mit den nebenberuflichen Jobs. Man weiß nie, wann sie kommen.

Ob sie kommen.

Immerhin: Die Quote der wieder ausgelösten Pfänder liegt nicht nur beim Augsburger Leihamt mit annähernd neunzig Prozent hoch. "Wir kennen viele unserer Kunden schon seit Jahren persönlich", sagt Mairock.

Das gilt insbesondere für jenen illustren Personenkreis, der sich im alten Zeughaus einfindet, wenn einmal monatlich die übriggebliebenen Bestände unter den Hammer kommen. Man kennt sich und ist wählerisch. Fast erscheint hier das städtische Leihamt zu Augsburg als gemeinnützige Begegnungsstätte, die keinen kommunalen Rotstift zu fürchten braucht, weil sie keine roten Zahlen schreibt. Zur Zeit wenigstens nicht.

(1998)

Tribut in Tüten

An der Technischen Marineschule im holsteinischen Neustadt lernen Freizeitkapitäne und Segelschullehrer das Verhalten in Notsituationen. Mitunter verzweifeln die Ausbilder am Kenntnisstand der Eleven.

NEHMEN SIE GEFÄLLIGST HALTUNG AN, MENSCH! SOLDATEN, ALLES HÖRT AUF MEIN KOMMANDO!

Nein, das hat er nicht wörtlich gesagt. Auch wenn es so scheint. Im einen Moment lässt zwar sein Bariton auch das letzte Rückenhaar der Herrschaften strammstehen, dann wieder hält der Mann seinen Handrücken vor und murmelt entschuldigend: SIE DÜRFEN DAS NICHT PERSÖNLICH NEHMEN...

Nichts für ungut: Heute hat Kaleu Otto Stoehr nämlich wieder eine illustre Truppe vor sich stehen. Und die meisten der knapp dreißig Männer und zwei Frauen sehen eben zum Schießen aus in dem ausgeliehenen Bundeswehrgrün, das über die Badekleidung zu zwängen war, um irgendwie nochmal den Ernst der Übung zu unterstreichen. Aber: der Wanst zu groß, die Hose zu eng, zu kurz, zu lang. Da brüllt es sich wahrscheinlich ganz von selbst.

Der *Fachverband Seenot-Rettungsmittel*, hat eingeladen: Ausbildungsleiter, Dozenten von Segelschulen und Ausbildungsstätten, Prüfer von Prüfungsausschüssen.

Ort der Handlung: Neustadt an der Ostsee, Technische Marineschule der Bundeswehr. *Die* Institution in Sachen Notfall-Unterricht, wie allseits bestätigt wird. Selbst erfahrene Skipper hatten hier ihr Damaskus-Erlebnis. An den kleinen Küstenort wird auch aus dem Ausland angereist.

Wer allerdings in welcher Eigenschaft gekommen ist, war nicht so ohne Weiteres zu erfahren gewesen: JA, JA, ICH HABE AUCH IM WEITESTEN SINNE MIT BOOTEN ZU TUN, sagt einer. Ein anderer: WIESO WOLLEN SIE DAS WISSEN?

Gestern stand eine *praktische Einweisung in die Brandabwehr* auf dem Plan, abends trat in einer stählernen Unterdeck-Attrappe ein überraschendes Leck auf. Wie schnell ein Brandlöscher entleert ist, überraschte manchen wie die Geschwindigkeit, mit der Wasser durch fingergroße Löcher eindringt. Beim abendlichen Bier-Pegel bestand trotzdem allgemeiner Konsens bezüglich der eigenen Leistungsfähigkeit.

So wie bei jener sechsköpfigen Crew, von der der Mann von der Travemünder Wasserschutzpolizei zu berichten wusste, die im Sommer mit einer Yacht vom Typ *Sunrise 34* zum Ostsee-Törn in See gestochen war. Nach fünf Tagen gerieten die Hobbysegler in stürmisches Wetter, ein Besatzungsmitglied wurde vom Großbaum getroffen und ging mit schweren Kopfverletzungen über Bord, woraufhin zwischen den Seglern prompt ein veritables Kompetenz-Chaos ausbrach: Der Skipper, in Notfällen eigentlich zuständig für die Koordinierung der Rettungsmaßnahmen, irrte kopflos zwischen Ruder, Funkgerät und Kabine hin und her, während der Großbaum, der zuvor den schiffbrüchigen am Kopf getroffen hatte, weiter hin und her schlug und der Rest der Mannschaft mit einer kollektiven Blockade rang. Nach dreißig Minuten wurde der Mann schließlich von einem herbeigeeilten Fischkutter tot geborgen.

Oder das Pärchen, das vor Rügen losmachte und zuvor noch ordentlich mit Hochprozentigem angestoßen hatte. Als die junge Frau später auf See gerade in der Kajüte hantierte, war vom Deck über ihr plötzlich ein Schlag zu hören. Der Segler war aus ungeklärten Gründen über Bord gegangen und schnell außer Sichtweite - die Passagierin fand sich unversehens alleine auf einer Zwölf-Meter-Yacht in der Ostsee vor. DIE DAME HATTE NATÜRLICH VON TUTEN UND BLASEN KEINE AHNUNG, hatte der Uniformierte vorne an der Tafel berichtet. Und der Hörsaal grölte. Bis auf zwei.

Kein *Mann-über-Bord*-Manöver, keine Einweisung in die Seerettungsmittel, nicht einmal die Frage, ob jeder schwimmen kann, gehört zu den Dingen, die deutsche Sportbootkapitäne vor Reiseantritt üblicherweise besprechen. Überhaupt: Nicht jeder trägt eine Schwimmweste für den Notfall. Und deshalb haben selbst einige der Segellehrer unter uns beachtliche Probleme mit dem Anlegen der Rettungshilfen, als jetzt in der Schwimmhalle der Ernstfall geprobt wird.

Jetzt steht das Geschwätz von gestern auf dem Prüfstand. Erste Übung: Überleben in der Rettungsinsel, ein paar Minuten Geschaukel zwischen künstlich erzeugten Brechern, neun Mann in einer für sechs Personen ausgelegten Ausführung, DAS ENTSPRICHT DER WIRKLICHKEIT ruft der Bärtige durch die Halle und mir scheint, als sähen manche der Teilnehmer zum ersten Mal, wie sich aus dem ins Wasser geworfenen Koffer ein schwimmendes Zelt aufplustert.

ICH SAGE ES DENEN JEDES MAL, ABER KEINER HÖRT AUF MICH, murmelt der Mann vom Hersteller neben mir, der mit seinem Sponsoring die Teilnahme am Seminar überhaupt bezahlbar gemacht hat. Nämlich: Am Abend zuvor ist wieder ordentlich gebechert worden.

Beim Einsteigen war eigentlich Teamgeist gefragt. Oder erbeten worden? Oder Voraussetzung? Ganz sicher weiß es jetzt keiner mehr, und deshalb hat sich auch niemand daran gehalten.

Mein Nebenmann zollt bereits seinen Tribut in Tüten, bevor die erste Welle über den schützenden Kunststoff hereingebrochen ist. Und hört auch nicht mehr auf, so dass auch andere dreimal schlucken müssen, damit es unten bleibt. Statt darauf zu achten, dass die knöcheltief unter Wasser stehende Sicherheit nicht durch weitere Wassermassen, die durch die Plane einbrechen, vollends überflutet wird.

Doch es hat sozusagen schon wieder aufgeklart: Zumindest wurde jemand in der anderen Rettungsinsel schon nach wenigen Minuten von der Platzangst besiegt, weshalb das komplette Manöver schnellstens unterbrochen werden muss.

Dann klettern wir bei klatschenden Wellen über Strickleitern eine gekachelte Schiffswand-Atrappe empor. Derjenige, der die ganze Zeit den bequemen Wandplatz in der Mitte hatte, lamentiert jetzt lauthals unter mir, man könne es mit der Authentizität auch übertreiben.

Dann erfolgt der Sprung in Zweiergruppen von der haushohen „Bordwand". Einigen steht jetzt der Schrecken ins Gesicht geschrieben, andere lassen mich jetzt mit freundlichem Nachdruck vor. Dabei ist die Lektion, wenn man nicht wie gebannt nach unten schaut, ein Kinderspiel: Wenn es einen wieder nach oben treibt, ist einfach das Schnürchen vom Auslösemechanismus zu ziehen. Der Rest geschieht von selbst.

ACHTUNG!...ruft der junge Soldat jedes Mal zwischen dem jeweiligen Sprungpaar...UND - SPRUNG!

Die meisten springen schüchtern-wortlos wie verurteilte Delinquenten, einige wie im alkoholisierten Übermut. Bei demjenigen, der den mitgeführten Camcorder zuvor stets wie ein Schutzschild gegen die allgemeine Teilnahmepflicht in Stellung brachte, hat sich der Overall wie ein Luftkissen aufgeblasen. HE, SIE SCHLAUMEIER, LASSEN SIE DOCH DIESEN BLÖDSINN! schallt es ihm vom gegenüberliegenden Beckenrand entgegen, weil er nun auch noch alle Viere von sich streckt und wie im Urlaub Toter Mann spielt.

Einem, älter, der auch Segellehrer sein soll, ist offensichtlich das Ventil nicht vertraut, durch das man Luft ablassen kann, wenn einem der Hals zu eng wird. Ein weiterer Panikanfall, zwei der Assistenten sind sofort als Lebensretter zur Stelle. Es braucht Zeit, bis sich der Betreffende wieder erholt hat. Irgend jemand sagt später, es sei wohl ziemlich ernst gewesen. Und ich komme aus dem Staunen nicht mehr heraus.

TECHNIKER ODER EHER DER GERMANIST? fragt Kapitän-Leutnant Stoehr, der ja nichts für die Schüler kann, die man ihm vorsetzt. Aber ich verstehe schon auch ohne Physikstudium, dass die Plastikkapuze, die man Spraycap nennt, gegen Überflutung und Auskühlung schützen soll.

KANN MAN GAR NICHT HINSEHEN, NICHT WAHR? meint ein jüngerer und schielt auf den Magenkranken, der sich immer noch am Wasserhahn festklammert und im großen Stil ins Trinkbecken kotzt.

Dann ist ein zweiter Sprung vorgesehen und jetzt gilt es, nach dem Auftauchen schnell einen festen Kreis zu bilden, um ein Abtreiben Einzelner zu verhindern. Unsere Runde lässt an die Wassergymnastik im Rahmen eines Kuraufenthaltes denken. Denn die Laune ist allerseits bestens, und man planscht ausgelassen mit den Beinen.

Die Mehrheit ist auch von dem Fensterschutz des Spraycaps begeistert. Nur hätte man besser aufpassen müssen, wie es mit dem Überstülpen am einfachsten geht. Denn einige der Segelschullehrer geben jetzt wieder unfreiwillig gute Slapsticks zum besten.

Kaufen würde es wohl keiner. BIN ICH DENN BESCHEUERT - VIEL ZU TEUER! fährt mich später beim Duschen der Kurze mit dem Schnauzer an, der aber grundsätzlich zugeben muss, dass einem Schiffbrüchigen im Todeskampf wahrscheinlich kein Preis zu hoch wäre. DIESER GEDANKE IST MIR NOCH NIE IN DEN SINN GEKOMMEN, nuschelt er und sucht verzweifelt nach dem Fön.

Abends dann die Abschlussbesprechung in der Offiziersmesse: Man prostet sich erleichtert zu. Dabei ist das Resümee des Lehrgangsleiters eigentlich ziemlich vernichtend. Denn wenn ich richtig höre, sind es gerade die alten Hasen unter den Ausbildern gewesen, die durch mangelnde Praxiskenntnisse aufgefallen sind. Und: Es gibt in Deutschland gar kein Berufsbild für den Segellehrer.

Wie es dann erst bei Hinz und Kunz aussieht: DAS BOOT HAT EINE HALBE MILLION GEKOSTET UND DIE RETTUNGSINSEL NEUNUNDNEUNZIG MARK NEUNUNDNEUNZIG, poltert Otto Stoehr mit reichlich Phon in die Gruppe. Dann die Geschichte mit den Rettungswesten. LEUTE, ICH SAG'S IMMER WIEDER: SPART NICHT AN DER FALSCHEN STELLE. KAUFT EUCH ANSTÄNDIGE SACHEN. VERZICHTET LIEBER AUF DAS MESSING AM POSITIONSLICHT.

Es folgt der Witz des Tages: Bei der Wasserschutzpolizei soll es in der Bordapotheke auch Präservative geben. Verblüffender Weise können das einige hier offenbar bestätigen.

Stoehrs Gesichtsausdruck wie der eines resignierten Pädagogen nach dem Versuch, chronische Brandstifter vor dem Gebrauch von Zündhölzern zu warnen.

DIE WIRKLICHE BEHERRSCHUNG DIESER NOTFALLVERFAHREN STEHT AUF EINEM ANDEREN BLATT, meint Stoehr später. ABER SIE GLAUBEN GAR NICHT, WAS ES AUSMACHT, MIT SO ETWAS WENIGSTENS EINMAL IN BERÜHRUNG GEKOMMEN ZU SEIN.

Learning by doing eben. Eigentlich müsste *so etwas* regelmäßig und flächendeckend angeboten werden. Die Marineschule in Neustadt ist als Dienstleistungsunternehmen freilich mehr als ausgelastet.

Am Fenster mit Seeblick wird schon wieder fröhlich angestoßen. Soviel ich weiß, sind alle Teilnehmer mit dem eigenen Wagen da.

WOHLSEIN!

Denn jetzt gibt es die Urkunden, die die Teilnahme ausweist.

WOHLSEIN!

Es gibt hier keine Noten. Und das Papier hat, im Laden aufgehängt, einen Marktwert.

Einzelgespräch: Einer verspricht hoch und heilig, wieder etwas Sport zu machen.

Otto Stoehr hat seinen Teil getan.

(1997)

Der Volksfeind

Diese Geschichte handelt von einem norwegischen Freund, der in seiner Heimat einmal ein angesehener Polarexperte gewesen ist. Als er im Jahre 1988 im Auftrag seiner Regierung im Westeis die barbarischen Zustände bei der Jagd auf Babyrobben dokumentierte, erklärte ihm die Bevölkerung seines eigenen Landes den Krieg. Und das seit nunmehr zwei Jahrzehnten andauernde, kollektive Mobbing hat bei dem bald 63-Jährigen und seiner Familie tiefe Spuren hinterlassen.

Die Geschichte über einen, der gesagt hat, was er sagen musste, aber nicht durfte. In einem Land in Europa, das eigentlich als modern gilt und durch Öl und Gasvorkommen reich geworden ist. Aber wo bis heute alte Traditionen, und seien sie noch so verklärt, mehr wiegen als die Freiheit der eigenen Meinung.

Aber eigentlich ist dies eher die Geschichte hinter der Geschichte.

Der Administrator vom *Fredriksstad Blad* kommt kaum hinterher mit dem Löschen: In jedem zweiten Kommentar steht eine Drohung, in jedem dritten strafrechtlich relevante Verleumdungen. Keiner der Forumtexter hält sich hier an die Regeln, die auch für norwegische Leserforen gelten.

Gerichtet sind die Beschimpfungen an denjenigen, für den sie mich halten: „Til Odd". Sie sind sich sicher: Hinter dem Pseudonym *Svante*, der ihnen auch noch mit hochnäsigem Schwedisch daher kommt, verbirgt sich kein anderer als der inzwischen 62-jährige Mann aus der Kleinstadt rund 100 Kilometer südöstlich von Oslo, der vor 20 Jahren ausgezogen ist, bloß um sein Land durch den Dreck zu ziehen.

Keine Frage für sie. Und jede Diskussion zwecklos: „Odd und Svante sind ein und dieselbe Person. Warum sollte denn plötzlich ein Schwede dasitzen und Odd und Co verteidigen?" schreibt einer. Ein anderer, der sich *Kjell Tore* nennt, gibt mir noch eine letzte Chance: „Du solltest jetzt mit deinem richtigen Namen hervortreten." Ein anderer, Pseudonym *Råde bakerigjest*, gibt eine Prognose ab: „Bestimmt sehen wir uns bald in der Altstadt. Dann wirst du was zu hören bekommen"...

Es ist inzwischen eine lange, längst auch eine persönliche Geschichte.

...

Nein, er ist nicht immer einfach. Das sind andere Menschen auch nicht immer, von dem her auch *sein* gutes Recht.

...

Ich habe manches nicht verstehen können und mich beizeiten auch gewundert. Vieles verstehe ich bis heute nicht.

Es kann merkwürdig werden. Und anstrengend auch in kleinen Dingen. Zum Beispiel die Entscheidung im Restaurant, ob man nun einen Salat mit drei Bestecken, oder jeder eine Suppe oder nur einen Kaffee oder sie zusammen ein gemeinsames Bier und ich ein Bier nehmen soll. Oder ob man doch woanders hingeht.

Es kommt vor, dass ich gerade müde mit einem Einkaufswagen in der abendlichen Kassenschlange stehe, und dann in meiner Hosentasche mein Handy vibriert – unversehens eine SMS von ihm: Was ich denn heute Abend vorhabe. Nämlich: Man ist in Lübeck, mal wieder, und vor allem mal wieder ohne jegliche Vorankündigung, und eigentlich ist man ja gleich mit norwegischen Freunden verabredet, so dass ich nur für den Rest des Abends standby zu bleiben brauche, bis Odd sich vielleicht noch einmal melden wird für den Fall, dass die norwegischen Freunde ihn und Marith versetzt haben könnten.

Und wenn ich dann später vorschlage: Kommt doch vorbei, ich mache uns ein Abendbrot, ist es scheinbar angenehmer, sich im Restaurant des Hotels, in dem sie gerade nächtigen (Scandic Lübeck), gegenüber zu sitzen, bis Marith und Odd sich betreffend der Bestellung einig werden, was dann eben etwas dauern kann. Denn Odd fängt währenddessen plötzlich von etwas ganz anderem an (ob der Wein in dem Discounter nebenan trinkbar, ob meine Jacke neu, ich zufrieden mit meinem alten Saab bin, wie es den Kindern in den Schulen geht).

...

Vor einiger Zeit erreichte mich die E-Mail einer GEO-Redakteurin.

„Lieber Herr Dudde,[...] Wir haben einen Leserbrief, bzw. eine Postkarte erhalten, in dem eine Dame aus Weil am Rhein nachfragt, was eigentlich aus der Lindberg-Geschichte geworden ist. Sie hat ein altes GEO Special (Nr. 4, 1996) antiquarisch erworben, ist entsetzt über die Story und bittet, im Hinblick auf die

weitere Entwicklung über Sie, den Autor, vielleicht mehr zu erfahren...Vielleicht mögen Sie Ihr schreiben? [...]

[...] Herzliche Grüße aus der Redaktion..."

...

Es ist lange her. Sehr lange.

Es war im Sommer 1995. Eine Geschichte für *GEO (GEO SPECIAL Nordmeer)*. Als ich Odd zu diesem Zweck das erste Mal traf, war der Weg zu ihm nach Uddevalla an der schwedischen Westküste wie der Weg zu einer Konspiration: Eine schier endlose Abfolge von Meldepunkten über Mobiltelefon, von denen aus ich dann jeweils weiter dirigiert wurde. Irgendwann wurde diese Geheimnistuerei lästig, zumindest aber etwas albern. Ich hatte noch keine Vorstellung von dem Leben, das diese Familie führte, weil sie es so führen musste.

Als ich Odd dann im Zentrum von Uddevalla (Bohuslän Museum) traf, wirkte der Mann mit der Brille, dem Vollbart und der Prinz-Heinrich-Mütze auf dem Kopf, so wie er dort auf einer Bank inmitten von bäuerlichen Rentnern saß, ziemlich leutselig. Keine Spur mehr von Heimlichtuerei, er schien unter den Alten ein Bekannter zu sein, und dies auch zu genießen. Auch er hatte etwas sehr Ländliches. Das T-Shirt, das er trug, zeigte die Karikatur eines metzelnden norwegischen Robbenjägers, auf graue Baumwolle gezeichnet mit schwarzem Filzer von seiner damals noch kleinen Tochter Andrea:

This is Norway in red, white and blue. We are best.

Er ließ nicht jeden zu sich. Natürlich nicht. Es brauchte Zeit, bis er auch mir vertraute. Ich fühlte mich deshalb geehrt, als er es nach einigen langen Telefonaten schließlich tat und mich jetzt, Wochen später und auf dem Beifahrersitz hockend, auf der E 6 Richtung Norden dirigierte, dorthin, wo sich eine ganze Familie versteckt halten musste, in Guntorp. Es war ein alter Hof auf einer Anhöhe, mangels Mittel für eine Renovierung inzwischen ziemlich heruntergekommen.

Und da saß man nun inmitten sommerlicher Bäume im Gras, und er erzählte mir nochmals das, was er mir doch schon längst am Telefon erzählt hatte: Die Geschichte von einem, der vor Jahren ausgezogen war, nicht um die Welt insgesamt zu retten, aber um sie vielleicht in einem kleinen, besonders hässlichen Bereich zu verändern. Und der nun die Welt nicht mehr verstand, die ihn und seine Familie ins Exil getrieben und zu einem kargen Leben in der öden Provinz unweit von Uddevalla gezwungen hatte.

Zwei Tage blieb ich bei ihnen, und übernachtete zwischendurch in einem Hotel in der Stadt. Ich lernte also auch Marith kennen, seine Frau, und Amund, der damals ein junger Teenager war, sowie Andrea, die immer sehr ernst wirkte, während sie pausenlos Karikaturen anzufertigen schien. Karikaturen, die mich an Karikaturen aus *MAD* erinnerten, und die immerfort brutale Robbenjäger darstellten neben halbtoten Robbenbabys, und ihren Vater, wie er einen der Jäger auf den Regelbruch hinwies. Zwischendurch kam Marith mit einem Tablett mit Kaffee und belegten Broten.

Als sich Odds Gesichtszüge immer dann verfinsterten, wenn sich durch das entfernte Rauschen auf dem Schotterweg wieder von weitem ein Auto ankündigte und der betreffende Wagen jedes Mal dann doch wieder vorbeifuhr, ohne dass norwegische Robbenjäger oder Journalisten ausgestiegen waren, um den Hof anzuzünden, dachte ich die ersten Male: Show.

Einerseits.

Andererseits: Ich hatte damals lange nach einer Kontaktmöglichkeit suchen müssen, und mich schließlich bei Stockholmer Kollegen durchgefragt. Und auch bei norwegischen Journalisten. Zwei Redaktionen stellten dem verblüfften Reporter unversehens Geld in Aussicht für den Fall, dass ich an die Adresse des „Wahnsinnigen" käme und sie dann ihnen verriete. Als ich es nicht ernst nahm, sondern einen schlechten Scherz vermutete, wurden Summen genannt, die mein GEO-Honorar um das Zehnfache übertrafen, selbst als dieses von der Hamburger Redaktion nach Manuskriptabgabe noch einmal verdoppelt wurde.

Und so wusste ich schon vor meiner ersten Begegnung mit Odd Freddy Lindberg, dem freien Journalisten, Tierschützer und Arktisexperten, dass hier etwas auf eine unglaubliche und gewaltige Art und Weise schief hing.

Dass man den Anlass und den Verlauf dieser Geschichte vielleicht in Ländern wie Albanien oder Tschetschenien hätte vermuten können, in Ländern, in denen die Blutrache gang und gäbe sein soll, das wäre mir vielleicht noch plausibel erschienen. Und wahrscheinlich auch anderen. Aber doch nicht in Norwegen, dem Land, dem 1994er-Lillehammer-Norwegen, in dem einst eine Gro Harlem

Brundtland mit einem mehrheitlich weiblichen Kabinett regiert hat, aus dem Bücher wie die von Jostein Gaarder oder Filmlegenden wie Liv Ullmann kommen, das sich nicht nur international um den Frieden bemüht hat, etwa zwischen Israelis und Palästinensern oder zwischen Tamilen und Singhalesen, sondern auch einmal im Jahr den Friedensnobelpreis verleiht. Oft an Menschen, die Mut gezeigt haben für eine gute Sache. Ein Land, das einst mit Trygve Lie den ersten UNO-Generalsekretär stellte, aus dem ein Munch, ein Grieg, ein Garbarek stammten und stammen. Oder Dramatiker wie Henrik Ibsen, der einmal den *Volksfeind* geschrieben hat, in dem ein einzelner diffamiert wird, weil er unbequeme Dinge benennt: Schullektüre. Selbstverständlich auch in Norwegen.

Lange hatte ich deshalb den Gedanken, dass mir womöglich ein wichtiger Hintergrund unbekannt geblieben sei, mir womöglich entscheidende Informationen fehlten, die die Tragödie Lindbergs mit einem Schlag, wenn schon nicht begreifbar, dann doch wenigstens etwas erklärbarer machen würden. Die vielleicht, einmal richtig benannt und angemessen ausgesprochen, ein unheilvolles Missverständnis zwischen den Parteien offenkundig machen und am Ende den gordischen Knoten sprengen würde zum Wohle aller, vor allem zur Befriedung der Situation, die kein Mensch auf Dauer aushalten kann.

Ich blendete dabei vieles aus.

Ganz so, als sei das alles nicht passiert: Der drohende Anruf des damaligen norwegischen Außenministers Thorvald Stoltenberg zu Hause bei Lindbergs, der als Mitschnitt vorliegt, und auch durch die Presse gegangen war. Der Mann, den ich Jahre später (einen Tag nach dem Friedensschluss in Dayton) in Zagreb als UN-Vermittler für die Schweizer Wochenzeitung *Die Weltwoche* interviewen würde, legte Odd bei diesem Anruf nahe, ein geplantes Interview mit *CNN* doch lieber bleiben zu lassen, da schließlich „nationale Interessen" auf dem Spiel stünden.

Eine sozialdemokratische Regierung, die zunächst dafür sorgte, dass der amerikanische Sender, und auch sonst kein anderer Sender Zugriff auf das Bildmaterial des staatlichen norwegischen Fernsehens bekam. Die unsäglichen Debatten im Osloer Storting, wo man irgendwann über die „tickende Zeitbombe" Lindberg stritt, die die sozialdemokratische Regierung nicht wahrgenommen habe, indem man ausgerechnet diese „tickende Zeitbombe" als Robbenjagdinspekteur verpflichtet habe.

Die Hetze gegen einen, an der sich vor allem die norwegische Presse beteiligte, in dem sie sich fast ausnahmslos die Befindlichkeit einer bestimmten Branche zu eigen machte und nicht müde wurde, an der Glaubwürdigkeit eines Einzelnen zu hobeln.

Ganz so, als hätte ich nicht auch selbst erlebt, was es heißt, in Norwegen eine andere Meinung zu vertreten als diejenige, wonach das westskandinavische Land, allein und möglicherweise vom Herrgott persönlich bestimmt, der einzig wahre „Verwalter der natürlichen Ressourcen" des Nordmeeres zu sein hat, und jeder, der sich anschickt, diese abstruse Denke in Frage zu stellen und auch dann noch mit Fakten zu kommen, bestenfalls als ein armer unwissender, und schlimmstenfalls als ein Feind Norwegens zu gelten hat. Diese ganze Die-Fahne-hoch-Haltung: Nur ein Norweger weiß, was Recht ist und wie viele Meeressäuger das Nordmeer verträgt, Diskussion also völlig fehl am Platze, vor allem im Ausland, Nachdenken ebenso, noch einmal: die Fahne hoch, und wer nicht hört, der muss eben spüren.

So war dies auch im Jahre 1993, als ich als Nordeuropa-Korrespondent der Hamburger Wochenzeitung *Die Woche* die Lofoten besuchte, um über den von Norwegen – gegen weltweite Proteste – wieder aufgenommenen Walfang zu berichten.

In Deutschland traten indessen ganze Stäbe einschlägiger Funktionäre und sogar Mitarbeiter der norwegischen Botschaft in Talkshows wie Ulrich Meyers damaligen Sat1-Krawallformat *Einspruch* auf, und waren gerne bereit, dem Rest der Welt wie einem lernbehinderten Schüler noch einmal zu erklären, warum gerade die Jagd auf Minkwale – gerade die! – nicht nur ein natürliches Anrecht der Norweger, sondern im Übrigen auch ein Gebot des Tierschutzes, und darüber hinaus eine alte, womöglich durch das Völkerrecht verbriefte, schützenswerte Tradition sei. Und in Norwegen ließen es sich selbst die kleinsten Provinzredaktionen nicht nehmen, zum Beispiel deutsche Urlaubspaare zu porträtieren, die sich unwidersprochen mit Zitaten abbilden ließen, wonach man in Deutschland und der übrigen Welt ein völlig falsches Bild vom Walfang hätte, dieser, wie man sich nun ja selbst habe überzeugen können, nichts, aber auch gar nichts mit einem brutalen Gemetzel und einem langen Todeskampf des wehrlosen, harpunierten Tieres zu tun habe, sondern, im Gegenteil, ein verantwortungsvoller Dienst der Walfänger an der Natur (aus Liebe zur Natur!) und aus Respekt vor der Schöpfung, zu Gunsten der maritimen Vielfalt und dem ökologischen Gleichgewicht wichtig sei. Davon habe man sich nun selbst überzeugen und dabei wieder sehen können, wie Fehlinformationen zustande kämen, ausgerechnet durch „selbsternannte" Tierschützer und „Konzerne wie Greenpeace", und wie die Welt immer wieder unseriösen Medien auf den Leim ginge. Fehlinformation! Norwegen, wie gesagt, als einzig ehrlicher Verwalter seiner natürlichen Ressourcen, alles andere Ideologie militanter Tierschützer, die alles im Sinn haben, nur nicht die Kreatur als solche, von dem her: keine Diskussion nötig, die Fahne hoch und das Leben geht auch ohne die Einsicht der Uneinsichtigen weiter...

Der Versuch eines Gesprächs mit einer TrawlerBesatzung, die soeben auf der Walfängerinsel Skrova festgemacht hatte, endete mit der Androhung von Prügeln. Und als ich mitten in Svolvær einen parkenden Lastwagen fotografierte, auf dessen Ladefläche ein offenbar frisch zerlegter Wal dampfte, erhielt ich von einem älteren Passanten eine Ohrfeige, so dass meine Kamera zu Boden fiel und nach Rückkehr von dieser Recherchereise teuer repariert werden musste.

Weshalb also die Überraschung?

Der Reihe nach:

Am 9. März 1988 erhält Odd Lindberg den Auftrag des Königlichen Fischereiministeriums in Oslo, als staatlicher Inspekteur die Robbenjagd im Nordmeer als Beobachter zu begleiten und einen entsprechenden Bericht zu schreiben. Am 12. März legt der Fangtrawler *M/S Harmoni* im nordnorwegischen Tromsø ab, und kehrt mit der begleitenden Fangflotte am 11. April 1988 dorthin zurück. Lindberg hatte bereits im Jahr zuvor dieselbe Flotte als freier Autor und Dokumentarfilmer begleitet, und seine Beobachtungen per Film- und Fotokamera festgehalten.

Der offizielle Report, den Lindberg für das Ministerium angefertigt hat, wird von dem Ministerium nicht nur mit einem Eingangsstempel versehen, sondern sogleich zur Verschlusssache erklärt. Lindberg ist verärgert und lässt seinen Bericht deshalb von einer Tageszeitung drucken, die denselben Namen trägt, wie die Stadt, in der sie erscheint: *Tromsø*.

1989 kommt der Dokumentarfilm *Seal Mourning* (Robbentrauer) des renommierten schwedischen TV-Autors Bo Landin ins Fernsehen. In Schweden, Dänemark und England. Im norwegischen Fernsehen werden die Ausschnitte gezeigt, in denen auch Odd Lindbergs Videoaufnahmen zu sehen sind.

Bilder: Wie Robbenschädel unter dem beherzten Tritt eines Jägers zerplatzen, wie geschockte Muttertiere ihren aufgespießten Jungtieren hinterher eilen, wie Tiere bei lebendigem Leibe gehäutet werden. Ein Schiffsdeck geflutet mit Blut. Hämisches Lachen von Männern aus dem Off, als ein Schuss sein Ziel verfehlt. Genitalien getöteter Tiere, die vor den Schritt gehalten werden. Kadaver, die als Müll fließbandartig über Bord gehen. Es sind Bilder, die man als Zuschauer nicht vergisst.

Das hat Folgen, weltweit: Norwegische Botschaften und das Außenministerium in Oslo werden mit telefonischen und postalischen Protesten bombardiert, Interviewanfragen, Fragestunden im Parlament, Diskussionsrunden im norwegischen Fernsehen, Sondersendungen, Titelgeschichten in den Zeitungen.

Und zu Hause ist ein ganzes Volk entsetzt. Aber nicht etwa von den Bildern. Überhaupt nicht von den Bildern! Sondern von dem Berichtenden, den Überbringer der schlechten Nachrichten: Dass jemand so etwas machen kann! Das eigene Land in dieser Weise durch den Schmutz ziehen! Und so weiter und so fort.

Odd Lindberg, gerade eben noch vom Königlich-Norwegischen Fischereiministerium zum offiziellen Jagdinspekteur ernannt, wird jetzt Land auf Land ab zum neuen, ganz realen *Folkefiende*, zum Volksfeind. Die Nation und ihr Ansehen in der Welt – schafottiert durch Lindberg, der auf Titelseiten nun „Robben-Judas" (Tageszeitung *Verdens Gang*) genannt wird. „Millionär durch Norwegenhass – hältst du deine Vorgehensweise für vertretbar?" wird Lindberg vor laufender Kamera von einem Reporter der Abendnachrichten gefragt. Erst sagt es einer, dann noch einer. Und irgendwann drucken es alle nach: das böse Wort vom „Landesverräter".

Und das ist erst der Anfang. Denn in Norwegen gilt eine eigenartige Rechtsprechung: Jeder kann hier jeden wegen übler Nachrede vor den Kadi zerren, wegen Lappalien genauso wie auf Grund einer simplen Meinungsäußerung. „Das stammt noch aus grauer Vorzeit", sagte mir schon vor vielen Jahren der Osloer Medienrechtsexperte Gunne Hammarstrøm.

„Ursprünglich ging es einmal darum, beispielsweise Fischer oder Bauern davor zu schützen, von der eigenen Konkurrenz übel verleumdet zu werden." So wie der Fischer Verleihnix aus Asterix, der sich ständig gegen den Vorwurf zur Wehr setzen muss, sein Fisch sei faul und stinke.

So ziehen eines Tages schließlich 17 norwegische Robbenjäger vor Gericht und verklagen den eigenen

Inspekteur. Wegen seines Berichts, zu dem er von der Regierung zu schreiben verpflichtet worden war. Und bekommen auch noch Recht: Denn Äußerungen wie die, dass „einige der Besatzungsmitglieder dem Anschein nach einem rauen Lebenswandel frönen" sind nach Ansicht norwegischer Richter ehrenrührig und deshalb strafbar. Ehrenrührig wie die Feststellung, dass Robben „lebendig gehäutet" und „totgetreten" werden.

Noch einmal: Ein Mann wird von seinem Staat beauftragt, die Jagd auf die Robben zu begleiten und die Einhaltung von Vorschriften zu überwachen, und das, was er beobachtet, zu protokollieren. Als er genau dies tut, wird er deswegen von den Gerichten desselben Staates verklagt. Und verurteilt: Auf die phantastische Summe von insgesamt 500.000 norwegischen Kronen beläuft sich am Ende die Geldstrafe, zu dessen Zahlung das Amtsgericht in Sarpsborg Odd Lindberg am 25. August 1990 verurteilt. Dies sind zu diesem Zeitpunkt umgerechnet immerhin 120.000 Mark, also rund 58.000 Euro.

Und auch die Zeitung *Tromsø* wird verklagt, weil sie Lindbergs Formulierungen gedruckt hat. Die Begrifflichkeit „lebendig gehäutet" kostet beispielsweise 400.000 Kronen. Genau genommen, sind ja nur zwölf Männer an Bord der *Harmoni* gewesen, für 17 wird aber Klage erhoben. Und für 17 Personen wird am Ende auch kassiert.

Und auch dem norwegischen Fernsehen NRK wird eine Forderung von 2,3 Millionen Kronen präsentiert – wegen der kurzen Filmausschnitte.

Am Ende werden wegen Lindbergs Berichten selbst Verlage und TV-Stationen jenseits des Königreichs verklagt, darunter das schwedische TV2. Und der renommierte schwedische Verlag Nordstedts, der Odds Buch über die Robbenjagd veröffentlicht hat. Strafbar macht sich nach norwegischem Recht selbst jemand, der Lindberg nur zitiert.

Es geht hier nämlich schon lange nicht mehr um die Robben. Es geht um das Recht zur freien Meinungsäußerung. Nur wenige interessiert dies, und keiner käme auf die Idee, deswegen auf die Barrikaden zu gehen.

Immerhin wird es wenigstens der Redaktion und der Geschäftsleitung des Lokalblattes *Tromsø* irgendwann zu dumm mit den Schikanen seitens der eigenen Leser, namhafter Politiker und Rechtsanwälten wie Per Danielsen (der bis heute die Robbenjäger vertritt). Das Blatt ruft den Europäischen Gerichtshof für Menschenrechte in Straßburg an, der sich der Sache annimmt.

Dabei wird zu Hause in Norwegen eigens eine Kommission eingesetzt, die von Gunnar Aaslund, einem Richter am Obersten Gerichtshof, geleitet wird, und die Lindbergs Vorhaltungen schließlich überprüft. Und diese von der Regierung eingesetzte Kommission kommt recht bald zu dem Schluss, dass Odd Lindbergs Kritik in der Tat mehr als berechtigt ist, und dass Änderungen sowohl in den Jagdregeln, vor allem aber in der Handhabung dieser Jagdregeln erforderlich sind. Die Kommission formuliert es nur anders: Immer dann, wenn es in Lindbergs Report konkret wird, zieht sich das Gremium auf ein „Möglicherweise" oder ein „Vielleicht" zurück. Ganz so, als seien die Verstöße, über die Lindberg berichtet, zum allerersten Mal von einem Robbenjagdinspekteur an das Ministerium gemeldet worden. Als hätte es nicht schon vorher Inspekteure gegeben, wie jene, die sich darüber beklagt hatte, dass das Ministerium „ein rosarotes Wunschbild der Realität vorzieht."

Nachfragen an die Mitglieder dieser Kommission sind natürlich unerwünscht. Diese Erfahrung macht auch der schwedische Dokumentarfilmer Per Lapins, der im Jahre 1994 in seinem Film *En folkefiende* (Ein Volksfeind) den Umgang des Nachbarlandes mit einem Einzelnen darstellt. Der zum Sachverständigen der Kommission benannte Veterinär Egil Ole Øen sagt, er habe von der ganzen Materie eigentlich keine Ahnung und schickt Lapins zum Kommissionsmitglied Professor Arnoldus Blix. Blix schmeißt Lapins vor laufender Kamera aus seinem Büro und der Vorsitzende Aaslund bedauert: Keine Zeit. Stattdessen wird später auch Lapins von einem norwegischen Gericht zu Schadensersatz an die Robbenjäger verurteilt. Weil Lapins in seinem Film, in dem die Meinungsfreiheit im Nachbarland thematisiert wird, auch auf Odd Lindbergs Material zurückgegriffen hat.

Irgendwas ist sehr, sehr merkwürdig in diesem sehr, sehr reichen Land. Und nicht nur, dass zeitgleich ein rechter Populist wie Carl Ivar Hagen mit seiner so genannten *Fortschrittspartei* enormen Zulauf erhält mit einer beispiellosen Hetze gegen Minderheiten und Einwanderer.

Es gibt auch kleinere Merkwürdigkeiten: Als Odd Lindberg irgendwann zur Gerichtsverhandlung gegen das Blatt nach Tromsø zitiert wird und die Redaktion um Leib und Leben des Mannes fürchtet, wird die örtliche Polizei um Personenschutz gebeten, welchen diese auch leistet, in dem sie Odd Lindberg hernach nicht nur zum Flughafen, sondern bis ins Flugzeug eskortiert – ein Bild in der Zeitung beweist es. Komischerweise bestätigt dieselbe Polizei später, weder von einem Odd Lindberg je gehört, noch diesem Schutz gewährt zu haben. Alles, ja wirklich alles soll eben ein großer Bluff sein.

Nansen und Amundsen und die große Tradition im gefährlichen Eismeer – das sind die Geschichten, die man in Norwegen hören will. Bis heute. Und Odd Lindberg ist demnach kein Patriot, und also auch kein Norweger, weil nicht sein kann was nicht sein darf. Alles Propaganda, heißt es - Norwegen, die Fahne hoch, und so weiter und so fort.

Längst geht es deshalb auch nicht mehr um die Sache, sondern ausschließlich um die Person. Und irgendwann ist die Sache und die Person ein und dasselbe. Und irgendwann kann der Mann auf der Straße nicht mehr sagen, worum es ursprünglich einmal ging. Er weiß nur, dass Odd Lindberg ein Landesverräter ist, weil er etwas gegen die Robbenjäger getan habe.

Und das bekommen auch die beiden Kinder von Odd zu hören. Zum Beispiel von einem Lehrer, der es ihnen sagt: „Euer Vater ist ein zweiter Vidkun Quisling." (Quisling war ein norwegischer Faschist.). Es fängt mit Schmierereien an der Hauswand an, mit obszönen Anrufen. Dann wird das Auto demoliert, das Familienboot versenkt. Die Anrufe werden zahlreicher und bedrohlicher, Marith Lindberg wird in ihrer Bibliothek bespuckt und als „Quislinghure" beschimpft, Nachbarn und selbst Verwandte wollen mit den Lindbergs nichts mehr zu tun haben.

„Es gab Signale, immer häufiger Signale", sagt Odd. „Zum Glück haben wir sie damals rechtzeitig erkannt." Ende 1992, es ist Weihnachten, verlässt Odd Lindberg mit seiner Familie die Heimat. In Schweden erhält er behördlichen Schutz, an seine Anschrift oder Telefonnummer kommt niemand außer über Odd Lindberg selbst.

...

Im Frühjahr 1996 erschien meine GEO-Reportage. Ich hatte zuvor noch gelernt, was es hieß, mit Odd verhandeln zu müssen, ohne selbst direkt beteiligt zu sein. Es ging um die Bilder, um seine Bilder von der Robbenjagd, und um das Honorar für diese Bilder. Und es ging über Wochen, in denen es an mir war, zwischen Odd Lindberg und der Bildredaktion von *GEO* zu verhandeln. Irgendwann meldete sich der verantwortliche Redakteur persönlich bei mir, um in Erfahrung zu bringen, was da eigentlich los sei, denn mittlerweile lägen die Nerven der Kollegin aus der Bildredaktion blank nach dem ständigen Hin und Her um das Copyright und um die Höhe des von Odd geforderten Honorars.

Dass Odd so viel Geld wie möglich aus seinen Bildern herausholen wollte, verstand ich aus seiner Sicht durchaus. Andererseits fand ich sein Anliegen so bedeutend, dass die Honorarfrage vielleicht nicht völlig auf die Spitze getrieben werden sollte. Wie man sich schließlich geeinigt hat, erfuhr ich nicht. Und es war mir auch egal.

Irgendwann, später, habe ich Odd und seine Familie noch einmal mit meiner Familie besucht, es lag sozusagen auf dem Weg. Man saß wieder im Gras unter den Bäumen und wieder war es an Marith, mit Tabletts voller Kuchen und Kaffee zu kommen, um den Besuch zu bedienen. Andrea und Amund vermachten meinen beiden Kindern, die damals noch klein waren, ihr altes Sandkastenspielzeug. Ein schöner, ein leichter Nachmittag, Odd wartete das Urteil des Straßburger Gerichtshofes ab und hoffte, dass dieses Urteil in Sachen Meinungsfreiheit auch seiner Sache nützen würde. Gleichzeitig hatte der Oberste Gerichtshof Schwedens zu entscheiden, ob ein derart absurdes Urteil eines norwegischen Gerichts überhaupt in Schweden vollstreckbar sein könnte.

Man blieb in Kontakt.

Odd beschäftigte sich auch weiter mit unbequemen Themen. Etwa mit dem illegalen Import von Robbenfellen in die EU, in den womöglich auch ein norwegischer Unternehmer verwickelt war. Odd faxte mir dann regelmäßig handgeschriebene Eingaben und Proteste, die ich vom Norwegischen ins Englische oder ins Deutsche übersetzte.

Über die Zeit lernte man sich kennen, und sprach mehr und mehr auch über private Dinge wie Rückenschmerzen oder andere allgemeine Probleme des Lebens.

...

Anfang 1998: Dreharbeiten für die ZDF-Sendereihe 37 Grad. Man war in Mainz auf den *GEO*-Artikel gestoßen. Die Geschichte wurde nun also auch noch im deutschen Fernsehen gebracht.

Man traf sich wieder in Uddevalla. Und als Odd dem Fernsehteam, wie vereinbart, in der Fußgängerzone entgegen kam, Regisseur Gunther Scholz und das Team unversehens wie ungebetene Gäste behandelte, indem er zunächst jeden Blickkontakt verweigerte und jede Art von Wortwechsel vermied, ahnte ich, welcher Drahtseilakt zwischen zwischenzeitlich entstandener Freundschaft und beruflicher Loyalität in den für zwei Wochen anberaumten Dreharbeiten auf mich zukommen würde.

Es ging bald abermals um das Bildmaterial, das heißt: um Geld, diesmal für die Filmsequenzen, die Odd damals draußen im Westeis gedreht hatte, und die natürlich auch in diesem Film gezeigt werden mussten. Und natürlich mussten diese Aufnahmen zuvor, zumindest grob, gesichtet werden. Doch nichts schien in diesem Augenblick schwerer für Odd zu sein, als mit offenem Visier und auf gleicher Augenhöhe zu sprechen. Einerseits schien das Filmmaterial im Augenblick gut 500 Kilometer entfernt, in der Nähe von Stockholm, sicher deponiert und deshalb für eine schnelle Sichtung unerreichbar zu sein, andererseits waren die entsprechenden Kassetten dann wohl doch auch binnen Stundenfrist greifbar, so man sich nur über das Honorar einig werde: Sein Preis.

Dann die Dreharbeiten bei klirrender Kälte: Auf dem geheimen Hof, wo dann fast jede Kameraposition singulär von Odd genehmigt werden musste, und mir fiel zwischendurch immer wieder der erwachsene Ernst im Gesicht von Andrea auf, die inzwischen drei Jahre älter geworden war. Odds cholerische Anfälle dann immer mal wieder, oft wegen Banalitäten.

Zwischendurch waren der sichtlich entnervte Kameramann und sein junger Assistent kurz davor, die Brocken hinzuwerfen, wie mir schien. Odds Tonfall immer wieder wie der eines Landgrafen, das Gehabe an sich (auf dem Hof, bei Kamerafragen an die Kinder und so weiter). Ganz so, als sei er vorher überhaupt nicht gefragt worden, und als habe nicht auch er „ja" gesagt zu diesem Dokumentarfilm über ihn, für den er, wie einige, aber nicht alle Protagonisten, am Ende schließlich auch eine Aufwandsentschädigung erhalten würde. Und als sei nicht völlig auszuschließen, dass es sich bei dem vierköpfigen Fernsehteam, zu dem jetzt auch ich gehörte, nicht am Ende doch um eine Horde perfider Verräter handeln könnte.

Ich erinnere mich an lange Hotelbargespräche ohne den Betreffenden, und an Gunther Scholz' Fähigkeit, sich in die Psyche einer ausgestoßenen Familie hineinzuversetzen, in die Lebenssituation mit all ihrer Emotionalität und irrationaler Übertreibung. Und ich erinnere mich an das betretene Schweigen hernach bei den anderen beiden Teammitgliedern.

Dann wieder schien es, als freue sich Odd über das Interesse, das man zweifellos an ihm und seiner Familie hatte, und gab sich unversehens nachgerade euphorisch, sang wie ein resoluter Volkstümler ein Lied.

Tage später in Tromsø, dort, wo Odd zehn Jahre zuvor mit der *Harmoni* in See gestochen war. Befragung von zufälligen Passanten, und jeder, völlig unabhängig von Alter, Schicht und Bildung, war sich sicher, dass Odd Lindberg ein „Landesverräter", ein „fürchterlicher Kerl" oder ein „Arschloch" sei, und dass „dieser Kerl" schon wisse, was er tue, „wenn er sich mit den Robbenfänger anlegt". In einer Bierhalle stand ein älterer Mann auf, und der Kameramann brachte sein Arbeitsgerät gerade noch rechtzeitig vor dem Schwall Bier in Sicherheit.

Zwischendurch rief Odd aus 1.500 Kilometern Entfernung an, um sich nach dem Lauf der Dinge zu erkundigen, und in meinem Handy entlud sich dann einmal wie aus heiterem Himmel ein Tobsuchtsanfall. Kurz darauf meldete sich dann Marith, um sich für ihren Mann zu entschuldigen: Die vielen Medikamente, der Stress, die Angst, das Herz. Ich verstand das alles irgendwie.

Wieder Tage später. In Oslo: Ein Abteilungsleiter im Fischereiministerium befand vor laufender Kamera, dass „die ganze Sache mit Odd Lindberg keine große Sache mehr" sei. Verweis auf „einige Änderungen" in den Jagdregeln, die nun aber bestimmt und sämtlich eingehalten würden.

Gunne Hammerstrøm, der Medienrechtsexperte: Er hatte gerade ein Sachbuch zum Thema Norwegen und die Meinungsfreiheit geschrieben, und darin auch Odd ein Kapitel gewidmet, und saß resigniert im schweren Ledersessel seines Wohnzimmers, während links und rechts von ihm Lampen aufgestellt und Kabel verlegt wurden. Ein weiser Mann mit weißen Haaren und Brille, der viel zum Thema sagen konnte, aber dem am Ende dann doch, auch beim späteren Spaziergang im nahen Frognerparken, nichts mehr einfiel zur allgemeinen Behandlung dieses Inspekteurs durch die eigenen Landsleute, außer der nüchternen Einsicht, dass Norwegen in Sachen Diskurs und Meinungswettstreit, seltsam irgendwie, wohl eben ein Entwicklungsland geblieben sei.

Gedreht wurde auch in Torp bei Fredrikstad, dem verlassenen früheren Wohnort: Eine traurige Ruine auf einem heruntergekommenen Grundstück, während man links und rechts hinter Türspalten und

Fenstern äugte. Auch hier eine zufällige Befragung im Supermarkt nebenan nach Erinnerungen an den früheren Mitbewohner. Antworten: „Ein völlig verrückter Typ." – „Nur Scheiße." – „Er mischt sich in Sachen ein, die ihn nichts angehen." Ein Kaugummi kauender Teenager: „Gab es etwas Gutes an Odd Lindberg?" Ein einzelner, jüngerer Mann mit Mütze gestand mit sehr ernstem Gesicht: „Ich sympathisiere mit ihm."

Tatsächlich?

„Ja, ich finde es schade, wie man ihn hier aus der Gesellschaft geekelt hat."

Dann wiederum eine ältere gebürtige Dänin: „Er kommt immer wieder auf so viel Blödsinn. Behaltet ihn am besten in Schweden." Ein alter Mann, der vor Lindbergs Haus mit schweren Schritten angeschlürft kam und wissen wollte, wer wir waren und was wir hier machten: „Ja, es ist schön, dass er weg ist. Wir hatten ständig Probleme mit dem Odd." Es war ein Verwandter, wie sich später herausstellte, als Odd die Kameraaufnahmen auf seinen ausdrücklichen Wunsch hin in einem Fernsehstudio in Uddevalla zu sehen bekam, dabei gerade seine offenbar unbeschwerte Kindheit am selben Ort geschildert hatte, am Ende weinen musste, ein Mann von Anfang fünfzig, sein Gesicht abwandte, schließlich die Kamera wegwinkte.

Der zuständige Mann bei der zuständigen Polizeibehörde in Vänersborg: Er zögerte keinen Augenblick lang, sondern bejahte kurz und bündig die Frage, ob man die Gefährdungslage Odd Lindbergs und seiner Familie nach wie vor als hoch einstufe.

Ein vertiefendes Interview im Hotelzimmer, Odd als Gast einer Grundschulklasse, der er Dias zeigte vom Eismeer, während die junge Lehrerin aus dem Kinderbuch vorlas, das er zwischendurch geschrieben hatte und das 1997 herausgekommen war. Es handelte vom ersten Tag im Leben eines Robbenjungen und war nett illustriert. Das Buch war Andrea gewidmet, und auf der zweiten Seite fand sich auch ein Aquarell von ihr.

Noch ein Spaziergang auf einem zugefrorenen See. Irgendwann war genug gedreht für effektiv 28 Minuten Sendematerial. Und so saß man irgendwann wie zum letzten Akt und Abschied in der Kantine eines Einkaufszentrums in Uddevalla. „Man kommt sich irgendwie wie ein Prostituierter vor", murmelte Odd, während der Regisseur die Geldscheine für ihn abzählte.

Die Zeit verging und der Film „Blutroter Schnee – Die Jagd auf Odd F. Lindberg und die Robbenbabys" wurde im ZDF gesendet. Und die Welt ging wieder weiter wie zuvor.

Ab und zu telefonierten wir, ab und zu erreichten mich wieder freundliche, aber sehr energische und eilige Bitten, diese oder jene Forderung oder Erklärung an Bill Clinton, an Außenminister Klaus Kinkel oder an den deutschen Bundeskanzler schnell zu übersetzen. Manchmal hatte ich das Gefühl, er melde sich nur, wenn er etwas von einem wollte.

Natürlich war ich gerne bereit zu helfen. Nur erlaubte ich mir einmal den Hinweis, dass ich auch noch einen fordernden Job und eine Familie habe, und deshalb nicht immer von jetzt auf gleich in die Rolle eines Übersetzers wechseln könne, währenddessen mein eigentlicher Broterwerb liegen bleibe. Daraufhin hörte ich dann gar nichts mehr, auch zu Weihnachten nicht, über Jahre hinweg.

Dann und wann las ich Debatten-Artikel von ihm. Etwa über laxe BSE-Kontrollen in der schwedischen Fleischindustrie. Mich beeindruckte sein ungebrochenes Engagement.

...

Der Oberste Gerichtshof Schwedens entschied irgendwann, dass ein norwegisches Urteil, obschon Ergebnis eines abstrusen, für Europa beispiellosen Rechtsverständnisses, durchaus im Nachbarland vollstreckt werden konnte und sodann auch würde. Ein unglaublicher Vorgang, das fanden selbst einzelne Vertreter norwegischer Journalistenverbände. Was nichts daran änderte: Kein Mitglied der so genannten Elite aus Politik und Kultur schien sich für den Fall zu interessieren, von Protest, der öffentlich artikuliert und öffentlich wahrgenommen worden wäre, keine Spur. Gelegentlich stellte der eine oder andere Jurist immerhin die Frage, wann dann vielleicht auch noch die Rechtsprechung des Iran oder der USA in Schweden Anwendung fände.

Fast zeitgleich, im Jahre 1999, stellte der Europäische Gerichtshof für Menschenrechte fest, dass das Urteil gegen Odd gegen das Recht auf eine in der Europäischen Menschenrechtscharta verbriefte Meinungsfreiheit verstößt. Und dass die Zeitung aus Tromsø nicht nur das Recht, sondern sogar die Pflicht hatte, Odds Report zu veröffentlichen: Weil auch diese Freiheit der Meinung schwerer wiegen müsse als etwa die Befindlichkeit von Robbenjägern. Und Norwegen, das Land des Friedensnobelpreises und von Jostein Gaarder, musste vor den Augen der Weltöffentlichkeit seine Rechtsprechung dem Standard von Europa anpassen.

...

Die Geschichte mit der Tierquälerei entdeckte ich irgendwann per Zufall und im Nachhinein. Und konnte den Zeitungsmeldungen kaum glauben: „Verwahrloste Tiere beim Robbenfilmer" hieß es etwa am 10. März 2001 in der auflagenstärksten schwedischen Tageszeitung *Aftonbladet*. Von verdreckten, abgemagerten und teilweise verletzten Kühen war da die Rede, von einer Anzeige durch die örtliche Polizei, und von heller Aufregung in der zuständigen Veterinärbehörde. Und natürlich wurde nicht versäumt, auch dem dämlichsten Leser noch die Überraschung aufzuzeigen, die darin liegen musste, dass ausgerechnet jener berühmte Tierschutzaktivist („Der meistgehasste Mann Norwegens") nun selbst Gegenstand von Ermittlungen in Sachen Tierschutz geworden sei. Ausgerechnet!

Es war ein Glücksfall für die norwegische Presse und eine Genugtuung für den überwiegenden Teil der norwegischen Leserschaft, die es doch schon immer gewusst hatte, dass an diesem Mann etwas faul sei. Schon immer!

Odds Version – ich und viele andere glauben sie, denn sie erscheint mehr als schlüssig vor dem Hintergrund, den ich inzwischen kenne. Und gerade deswegen stehe ich nicht alleine da mit meiner Verwunderung darüber, dass Odd nicht den Weg in die Offensive angetreten hat, sondern sich selbst vorführen ließ: Statt der schwedischen Polizei, den Gerichten und der Öffentlichkeit mit gelassenem Ernst zu zeigen, dass es die billigste und durchsichtigste aller Möglichkeiten gewesen ist, sich an dem ehemaligen Überbringer unangenehmer Wahrheiten zu rächen, ließen Odd und Marith über Jahre ein demütigendes Katz-und-Maus-Spiel zu, das in seiner Entwürdigung kaum zu überbieten war. Denn seitdem Odd mit vier hinfälligen schwedischen Kühen in Verbindung gebracht wurde, konnte sich ganz Norwegen über eine neuerliche Artikelserie freuen, deren Sinn nur darin bestehen konnte, den Mann, der sich Jahre zuvor erdreistet hatte, den „einzig wahren Verwalter der natürlichen Ressourcen" als „Landesverräter" der internationalen Lächerlichkeit preiszugeben, endgültig zu diffamieren.

Odd wurde Ende 2002 vom zuständigen Gericht im westschwedischen Vänersborg angeklagt. Und war für die zuständigen Behörden plötzlich nicht aufzugreifen, weder auf dem Hof, noch sonst wo. Die Anklageschrift und Vorladung des Gerichts konnte deshalb angeblich nicht den Empfänger erreichen. Und während Anfang 2003 die Zustellungsfrist abzulaufen drohte, und damit auch eine zweijährige Frist, um einen vermuteten Fall von Tiermisshandlung justiziabel zu machen, konnte eine ganze Nation der Presse entnehmen, dass Odd F. Lindberg sowohl in Schweden als auch in Norwegen von der Polizei gesucht wurde (*Aftenposten* 29.01.2003).

„Die Zeit rennt uns davon", wurde ein schwedischer Richter zitiert (*Aftenposten* 30.01.2003), als ob der Ausbruch von Pest und Cholera drohe, während Lindbergs ehemalige Nachbarn in Norwegen von „grünen Topfpflanzen vor den Fenstern" und „Pfeifenrauch von Lindbergs Haus" zu berichten wussten (*Aftenposten* vom selben Tag), es für eine normale

Polizei also doch kein Problem darstellen durfte, dem Mann endlich habhaft zu werden. Ein genervter Polizeisprecher: „Lindberg zu finden, hat Priorität für uns, aber nicht eine derartige Priorität, dass wir nun rund um die Uhr vor seinem Haus sitzen und warten."

Noch am gleichen Tag konnte dasselbe Blatt, eigentlich eine seriöse, eher konservative norwegische Tageszeitung, mit einer Überschrift Entwarnung geben: „Lindberg in Oslo gefunden". Eine Person, die zuvor „von Lindbergs Verschwinden-Nummer" (sic!) gelesen habe, hätte „den Mann in einer Osloer Straße entdeckt und die Polizei verständigt". Es war, als handele es sich bei dem Gesuchten um einen Geisteskranken, der mit einer Axt durch einen Kindergarten renne.

Die Erklärung des „ehemaligen Robbenjagdinspekteurs" am Tag darauf: „Ich habe mich nicht versteckt" (Titelzeile) Und: er habe „gar nicht gewusst", dass man nach ihm suche. Die Anklageschrift sei eben an Adressen geschickt worden, an denen man „entweder gar nicht oder so gut wie nie anzutreffen" sei. Nein, man habe sich ganz bestimmt nicht versteckt, um der Strafverfolgung zu entgehen, „weit gefehlt". „Ich bin doch nicht gerade dafür bekannt, dass ich Problemen den Rücken kehre", das Ganze also ein Missverständnis. Und so weiter. Und was die Spekulationen der örtlichen Presse angehe, er und seine Familie seien nach Norwegen zurückgezogen oder zumindest im Begriff, dies zu tun: „Nie! Die Zeit scheint, was mich anbetrifft, in Norwegen stehen geblieben zu sein. Deshalb möchte ich lieber weiter in Schweden leben."

Die örtliche Zeitung *Fredriksstad Blad* mahnte zum Frieden mit dem Geschassten, der am Ende, wie man sehen konnte, offenbar doch den Weg zurück nach Hause suche. Nicht ohne Wohlwollen gegenüber Odd Lindberg, der doch mit seinem großen Wissen als Polarhistoriker auch viel zu geben habe, aber sich, egal, was ihm zur Last gelegt werde, und ob begründet oder ob unbegründet, dem schwedischen Gericht stellen müsse. Schon der eigenen Glaubwürdigkeit wegen. Der Appel an die örtliche Bevölkerung, vor allem an die Nachbarn von Lindberg, sich zu mäßigen. Und die Idee eines Gunnar Klasson, ein Buch zu schreiben, sei kaum „ein guter Ausgangspunkt für die notwendige Versöhnung zwischen Lindberg und der örtlichen Gemeinschaft..."

Sechs Mal wurde der Gerichtstermin verschoben, meistens wegen Vorlage von ärztlichen Attesten des Angeklagten. Irgendwann wurde das Gericht in Vänersborg mit Beweisanträgen und der Benennung von dreißig verschiedenen Entlastungszeugen beschäftigt. Ende März 2007 gaben die schwedischen Behörden schon wegen des Aufwandes, der sonst zwischen zwei Ländern hätte betrieben werden müssen, auf. Weil dieser Aufwand in keinem Verhältnis zu der allenfalls zu erwartenden geringen Geldstrafe gestanden hätte, vorausgesetzt, Odd Lindberg wäre überhaupt zu verurteilen gewesen.

Wie gesagt: Ich habe Odd in dieser Sache nur schwer verstehen können. Und auch andere nicht, darunter auch norwegische Freunde. Vielleicht hat er zu dieser Zeit kaum Freunde gesprochen. Vielleicht hat er aber auch keinen Rat von Freunden annehmen können. Vielleicht empfand er sich als jemand, der in einer Sackgasse steckte.

Es war meiner Meinung nach ein Fehler, sich nicht dem Gericht zu stellen. Denn so blieb und bleibt die Geschichte an ihm kleben wie ein hässlicher Makel. Und seine Glaubwürdigkeit hatte spätestens jetzt einen ernsthaften Kratzer abbekommen.

Ich hatte erst Jahre später von allem erfahren. Ich hatte andere Dinge gemacht und mich nicht mehr gekümmert. Und so hatte ich auch von der tragischen Geschichte von der Tochter, die mit sechzehn plötzlich verschwunden sei, erst im Nachhinein Kenntnis bekommen. Vielleicht gehört diese Geschichte auch noch dazu. Ich weiß es nicht.

Es hat mich betroffen gemacht, wie es jeden betroffen gemacht hätte: Wie Marith eines Tages in einem Café stumm eines der letzten Fotos aus dem Portemonnaie fischt, die ihnen geblieben sind von Andrea, die nun Anfang zwanzig ist und irgendwo in Göteborg leben soll. Was sie dort macht, und wie sie dort lebt, das wissen ihre Eltern nicht so genau. Zumindest sagen sie es so.

„Ich werde dir nicht vorschreiben, was du zu schreiben hast", sagt Odd irgendwann. Ich wüsste auch nicht, was schreiben. Ich höre nur: Eine Sekte sei im Spiel, eine Pflegefamilie aus Uddevalla, die dieser christlichen Sekte (*Livets Ord*, Wort des Lebens) angehört. Und allen voran ein Mann namens Gunnar Klasson.

Gunnar Klasson.

Auf seiner Webseite *uddevallare.blogspot.com* stellt sich der Mann selbst vor: Geboren 1945, gebürtiger Einwohner von Uddevalla, vorher Berufsoffizier, dann Umschulung zum Archivar, Chef oder Ex-Chef diverser örtlicher Heimatmuseumsvereinigungen, Teilzeitbeschäftigung im Bohuslän-Museum (Personalangelegenheiten), und als Verwaltungsdirektor in der *Gustafsbergsstifelsen*, einer Art örtlichem Studentenwerk. „Mein großes Interesse gilt natürlich Uddevalla in all seinen Formen." Der frühere Ausbilder in der schwedischen Armee hat sich vor nicht allzu langer Zeit vor allem auch für Odd Lindberg interessiert. Und zwar so sehr, dass ein schwedisches Gericht Klasson eines Tages vor einen Richter zitierte.

Offenbar wollte es der Zufall, dass Odd im Jahre 2003 ein Dokument zugespielt bekam. Es war von Klasson verfasst und erstreckte sich auf über elf Seiten, gespickt mit allerlei trivialen Gerüchten und Behauptungen und haarsträubenden Diffamierungen. Beleidigende „Informationen" über Odd Lindbergs Verwandtschaft im Allgemeinen. Seitenweise angebliche intime Details über Odd im Besonderen. Verschiedene Behauptungen reichten bis an die 30 Jahre zurück. Im Stile eines schmierigen Boulevardjournalisten hatte der Westschwede zuvor auch in Norwegen Nachbarn „befragt" – und selbstverständlich – die Robbenjäger im Norden „interviewt". Klasson sandte das Pamphlet, das auch noch eine „psychiatrische Diagnose" enthielt, an das *Fredrikstad Bladet*, jene Lokalzeitung, die am alten und neuen Wohnort von Odd Lindberg erscheint.

Die Redaktion des kleinen Blattes hatte sich kurz darauf geweigert, einen ähnlich beleidigenden Leserbrief Klassons abzudrucken. Weil dieser ein „Angriff auf die Person Lindberg" sei.

Dieselbe Redaktion veröffentlichte Anfang 2003 unter der Headline: „Will über Lindberg ein Buch schreiben" aber auch einen sowohl inhaltlich als auch sprachlich haarsträubenden Artikel: „Gunnar Klasson aus Uddevalla arbeitet an einem Buch über Odd F. Lindberg. Laut Klasson haben die Medien ein viel zu rosarotes Bild von dem ehemaligen Robbenjagdinspekteur abgegeben. Klasson möchte dieses nun korrigieren. Klasson hat einen erstaunlichen Überblick über Lindbergs Leben und weiß sogar, wo und wohin Lindberg sich täglich bewegt. 'Ich habe eine gewisse Anzahl von Personen in Fredrikstad, die mich über Lindbergs Bewegungen informieren', sagt Klasson und zählt auf, welche Geschäfte und Konditoreien der ehemalige Robbenjaginspekteur besucht. 'Ich weiß, dass Lindberg am Dienstagabend bei Dunkelheit zu Hause im Konvallveien saß. Nachts um drei war dann überall Licht und im Morgengrauen des Mittwochs verließ Lindberg das Haus. Ich glaube, dass sich Lindberg augenblicklich in Schweden aufhält', sagte Klasson dem *Fredriksstad Blad* am Mittwochnachmittag. Klasson besitzt umfangreiches Material und hat nichts Positives über den umstrittenen Einwohner aus Torp zu berichten. Klasson ist auch in Tromsø gewesen und hat dort umfangreiche Untersuchungen bei den Robbenjägern angestellt. Klasson selbst ist mit Lindberg vor vielen Jahren das erste Mal in Kontakt getreten, als der ehemalige Robbenjagdinspekteur des Öfteren das Bohuslän-Museum besuchte, wo Klasson arbeitet. Laut Klasson gab es viel Ärger wegen Lindberg und seinen Besuchen im Museum. Gelegentlich ist Lindberg dort unerwünscht gewesen."

Eine Stadt, eine Lokalzeitung, und ihre Leser: Es meldeten sich Nachbarn zu Wort, die zu erzählen wussten, dass Odd ihnen schon mal angedroht habe, ihre Katze zu töten. Und dass der Mann, der nun plötzlich wieder da zu sein schien, nachdem man zuvor Jahre lang „endlich" seine Ruhe gehabt habe, letztens den ganzen Tag in seinem Garten gelärmt habe, als man eigentlich auf der Veranda eine Konfirmation hatte feiern wollen.

Klasson wurde erstmalig am 21. Mai 2003 (in Norwegen) angezeigt. Ein ganzes Jahr verstrich, bis sich die (norwegische) Polizei der Sache annahm und den Mann verhörte. Dann wurden die Ermittlungen (in Norwegen) eingestellt. Es war, als kenne die norwegische Rechtsprechung dann doch zweierlei Maß. Und Odd wandte sich an die schwedischen Behörden.

Man hat Odd und Marith vieles nicht ganz geglaubt, im Laufe der Jahre. Vielleicht auch einfach deswegen nicht glauben können, weil das, was sie berichteten, zu absurd erschien, um wahr sein zu können. Einbrüche auf dem Hof in Schweden, gekappte elektrische Leitungen, eingeworfene Scheiben, nun gut, das konnte unter Umständen auch Menschen widerfahren, die nicht zuvor als „Volksfeinde" apostrophiert und verfolgt worden waren.

Durchtrennte Bremsschläuche, was irgendwann einmal zur Folge hatte, dass Odd nur mit Glück einer Horde von Pennälern ausweichen konnte, die sonst womöglich zu Schaden gekommen wären. Ferner: Nächtlicher Besuch, unangemeldet und mit vorgehaltenen Waffen, das tönte schon nach einer Räuberpistole. Es sei denn, es war aktenkundig. Und es war durchaus aktenkundig. Seitenweise. Nur berichtete keine Presse darüber: Die immer gleichen Autos im Rückspiegel, Drohanrufe, tätliche Angriffe auf offener Straße. Jahre lang wurde in jenem Museum in Uddevalla, in dem auch ich mich 1995 zum ersten

Mal mit Odd verabredet hatte, genauso heimlich wie präzise Buch geführt, mit wem sich Odd Lindberg dort getroffen hat. Personenbeschreibung und Dauer der Unterredung: System Stasi meets Sweden.

Man hat zwischendurch, wie gesagt, mitunter Schwierigkeiten gehabt, dies alles glauben zu können. Weil es so viel gewesen ist und ständig vorgekommen sein sollte. Auch andere Freunde hatten offenbar zuweilen Schwierigkeiten, eine Grenze zwischen Dichtung und Wahrheit zu definieren. Der eine oder andere wird aber vielleicht denselben Gedanken gedacht haben wie ich, nämlich, dass es doch nur allzu verständlich erschien, wenn Menschen, die über einen derart langen Zeitraum von einem ganzen Volk derart in die Enge getrieben worden sind, am Ende neurotisch würden.

Doch es gab und gibt Fotos und andere Beweismittel, Odd soll kilometerlange Telefonmitschnitte lagern, die im Zweifel gerichtsverwertbar sein könnten. Beispielsweise zeigt ein Foto Klasson und einen älteren Herrn namens Tryggve Kallin. Beide stehen wie erwischte Diebe neben dem Saab 900 von Kallin, den sie gerade versteckt auf einem Nachbargrundstück in Torp geparkt haben. Auch Tryggve Kallin ist ein ehemaliger Soldat. Er ist ein ehemaliger Nachbar aus dem Landstrich in Westschweden, in dem Lindbergs Unterschlupf fanden. Er nennt Klasson einen „guten Freund" und findet wie Klasson und ein angebliches Heer namenloser „Unterstützer", dass man „Lindberg das Handwerk legen muss". Welches Handwerk, bleibt ungeklärt und was Gunnar Klasson und sein angebliches schwedisch-norwegisches „Netzwerk" eigentlich motiviert hat, Odd den Krieg zu erklären, ist heute auch nicht mehr zu erfahren. Auch andere Journalisten bekamen keine Antwort mehr auf entsprechende Anfragen von dem 63-jährigen. Was kaum verwundert: Denn als der frühere Soldat Wind davon bekam, dass sein „Kampf um die Wahrheit über Lindberg" eine entsprechende strafrechtliche Würdigung erfahren könnte und wohl auch würde, zog der Museumsmann im letzten Augenblick schnell den Kürzeren und bot Odd vor Gericht rasch einen Vergleich an.

In der Bekanntmachung des zuständigen Gerichts in Uddevalla hieß es im Sommer 2006 bündig: „1. Klasson gibt zu, dass er Lindberg beleidigt hat [...]. Er gibt des Weiteren zu, dass alle Angaben (über Lindberg) unwahr gewesen sind, und dass er auch keinen Grund hatte, diese zu verbreiten. 2. Klasson zahlt vierzigtausend (40.000) Norwegische Kronen an Lindberg als symbolischen Schadensersatz."

Am Ende schien die Angelegenheit dann doch Odd geholfen zu haben. Zumindest hinsichtlich der manchmal in Zweifel gezogenen Glaubwürdigkeit.

Und eigentlich hätte hier endgültig ein Vorhang fallen können.

Doch es ging weiter wie bisher.

In der norwegischen Zeitschrift *Memo* ließ sich der verhinderte Frontkämpfer Tryggve Kallin noch im August 2006, nachdem der Vergleich rechtskräftig geworden war, mit den Worten zitieren: „Klasson hatte einfach Angst, dass er verlieren könnte, wenn es zu einer Anklage gekommen wäre. Also bot er einen Vergleich an. Selbstverständlich steht in dem Dokument die Wahrheit."

Der Duktus wiederholte sich: Wahrheit, und nichts als die Wahrheit (über Odd). Mehrheit der Anständigen, die sich aber nicht mehr alles bieten lassen kann von diesem Verrückten (der kein Norweger mehr ist), und deswegen nicht mehr zu schweigen bereit ist, irgendwann muss auch mal Schluss sein, Recht bleibt Recht und Verrat Verrat, und das, was Lindberg den Robbenjägern angetan hat, ist selbstverständlich Verrat, schlimmer sind nur noch Völkermord oder atomarer Erstschlag, die Welt soll endlich erfahren, was dieser Mensch in seinem Leben noch alles angestellt, wie vielen Menschen er geschadet hat, Verblendung allenthalben, deshalb Widerstand der Aufrechten, bis hierhin und nicht weiter, irgendwann muss Schluss ein, auch Norwegen muss sich nichts alles bieten lassen!

Einer dieser „Aufrechten" ist Hans Kristian Magnor, ein glatzköpfiger Anfangfünfziger, der sich immer mal wieder gern mit dem Kürzel „Hans Kr." im Forum des *Fredrikstad Bladet* zu erkennen gibt. Eigentlich interessiert ihn der *„ehemalige Robbenjagdinspekteur* einen Scheiß", andererseits stand Magnor schon mal nächtlings vor Lindbergs Haus und führte auf seinem Weblog ausführlich Buch über das, was ihn an dem *„ehemaligen Robbenjagdsinspekteur"* am meistens störte.

Dazu gehörte auch schon mal der „gemeingefährliche" Zustand des Opel Omega (fotografisch dokumentiert auf Magnors Webseite) des „Kerls", und der Umstand, dass Odd Lindberg ständig in der Altstadt säße und dort „immer für Ärger" sorge. Außerdem ein Thema: Wie ein Mann einerseits immer wieder öffentlich behaupten könne, wirtschaftlich am Ende zu sein, andererseits finanziell in der Lage sein muss, ein kaputtes Haus alarmtechnisch „wie Fort Knox" abzusichern.

Vor allem aber, ja vor allen Dingen: dass Odd Lindberg, obwohl von einem ordentlichen unabhängigen norwegischen Gericht rechtskräftig verurteilt, bis heute seine Schuld an die Robbenjäger nicht beglichen hat. Und einer, der – von wem auch immer, und ob zu Recht oder zu Unrecht - schuldig gesprochen worden ist, der soll wenigstens sein Maul halten.

Aber Odd hielt keineswegs sein Maul. Im Gegenteil: er meldete sich weiter zu Wort. Immer wieder. Er schrieb zum Beispiel wiederholt gegen den norwegischen Zuchtlachs an. Und er schrieb nicht nur, sondern Zeitungen, auch welche in anderen Ländern, druckten seine Beschreibung der Inhaltsstoffe des norwegischen Industrieproduktes, vor dessen Verzehr, etwa durch Schwangere, selbst die norwegische Lebensmittelüberwachungsbehörde *Mattilsynet* warnt, auch noch ab. Und er mischte sich ein, wie vor 20 oder 30 Jahren, in örtliche Bauvorhaben wie der einer Flussbegradigung oder einer Umgehungsstraße.

Die Frage, die früher oder später und nicht nur von mir gestellt werden musste: Weshalb seid ihr bloß in die Höhle des Löwen zurückgezogen? Sie erklären es mir so: Mariths Vater, über neunzigjährig, er hatte nur noch wenig Zeit (er starb letztes oder vorletztes Jahr), Versöhnung nach all den Jahren, in denen auch diese Familie sich abgewandt hatte wegen der ganzen Geschichte, ein trauriges Kapitel, das, kurz bevor der Vorhang zwischen einer Tochter in den 50ern und ihrem greisen, kranken Vater endgültig fallen würde, ein versöhnliches Ende haben sollte.

Deswegen ist man nach Norwegen zurückgegangen, sagen sie. Vor allem deswegen.

Ob es einen Zusammenhang mit der Tierquälgeschichte oder mit der Tatsache gab, dass die Steuerbehörden in Schweden, zuständig für das Meldewesen und auch für die Anonymisierung bestimmter Meldedaten, kurz zuvor diesen Schutz für nicht mehr erforderlich hielten, und dies, obwohl Odd eine Verlängerung beantragt hatte – ich weiß es nicht.

...

Am 6. März 2007 meldet die norwegische Presseagentur *NTB*, dass die Besatzung des Robbenfangtrawlers *Kvitungen* vom norwegischen Fischereiministerium wegen Verstößen gegen die Jagdregeln angezeigt werde.

„Der Fall hat Parallelen mit dem so genannten Lindberg-Fall von 1988." Eine Inspekteurin namens Erna Moustgard hatte diese Verstöße in ihrem Bericht notiert. Die Presse, von der Regionalzeitung *Nordlys* in Tromsø bis zum Wirtschaftsblatt *Dagens Næringsliv*, Fernsehen und Rundfunk, sie berichten. Ein Professor Tore Haug vom Meeresforschungsinstitut, der nach eigenen Angaben dem norwegischen Außenministerium „beim Informieren von EU-Parlamentariern beigestanden" hat, warnt: „Die Kampagne gegen die Robbenjagd ist innerhalb der EU heute schon intensiv und unsachlich", so dass man sich „auf keinen Fall Schlampereien oder Gesetzesverstöße leisten kann. Der Weg muss völlig sauber gehalten werden."

Die Mahnung des besorgten Professors hat einen Hintergrund: Die Europäische Union berät seit 2007 über ein generelles Importverbot für sämtliche Robbenprodukte. Das heißt: Zuerst hatte der Europarat im September 2006 eine Empfehlung zur Robbenjagd verabschiedet, wonach die Mitglied- und Beobachterstaaten „ersucht" wurden, „alle grausamen Methoden der Robbenjagd und das Betäuben der Tiere mit Werkzeugen wie *Hakapiks*, Keulen und Schusswaffen zu verbieten." In einer Zusammenfassung des EU-Parlamentes heißt es dazu:

„Daraufhin verabschiedete das Europäische Parlament eine schriftliche Erklärung, in der die Kommission ersucht wurde, den Entwurf einer Verordnung zu erarbeiten, um Einfuhr, Ausfuhr und Verkauf aller Sattel- und Mützenrobbenerzeugnisse zu verbieten und gleichzeitig sicherzustellen, dass diese Maßnahme keine Auswirkungen auf die traditionelle Jagd (zum Beispiel durch die Inuit) hat. Die Kommission verpflichtete sich, die Tierschutzaspekte des Tötens und Häutens von Robben zu beurteilen, und ersuchte die *Europäische Behörde für Lebensmittelsicherheit (EFSA)* in Mailand, ein wissenschaftliches Gutachten zu dieser Frage zu erstellen sowie die angemessene Tötungsmethoden zu beurteilen, die unnötige Schmerzen, Qualen und Leiden mindern..."

Im August 2007 gab es zu diesem Thema ein Hearing in Straßburg. Zu diesem Hearing wurde unter anderen auch Odd eingeladen. Mir schien, dass ihm diese Wertschätzung Auftrieb gab. Ich freute mich für ihn. Wir sahen uns nun zum ersten Mal nach Jahren wieder, als beide auf dem Rückweg aus Straßburg nach Norwegen waren, Treffpunkt: Café Niederegger in Lübeck. Ich erkannte ihn zunächst nicht: Er hatte irgendwann in den Jahren seinen Vollbart abrasiert und jetzt nur noch einen grauen Schnauzer. Sein

Brillengestell wurde indes von einem Klebestreifen zusammengehalten. Folge einer körperlichen Attacke von vor einiger Zeit, wie er mir sagte. Eine neue Brille schien er sich nicht leisten zu können. Marith hatte sich indes in zehn Jahren äußerlich so gut wie gar nicht verändert.

Man saß bei Kaffee und Kuchen. Man erzählte sich Privates und redete über das Leben im Allgemeinen und die Sorgen im Besonderen. Zum Beispiel über die nach wie vor anhängige Forderung der Robbenjäger. Odd hatte inzwischen einen Antrag auf Privatinsolvenz gestellt. Was sollte er auch sonst tun!

Und sie erzählten mir von Andrea.

Einmal standen wir vor den Weinregalen eines Discounters und ich versuchte sie zu beraten, denn sie hatten keine Ahnung von Weinen und wollten Freunden in Schweden etwas mitbringen.

Odd und Marith hatten in den Jahren wohl auch in Deutschland Freunde gefunden, irgendwo bei Köln, ein älteres Paar, das sich seinerzeit über den ZDF-Film aufgeregt und den Kontakt aufgenommen hatte, um im Rahmen der eigenen Möglichkeiten zu helfen. Dorthin waren sie scheinbar immer wieder unterwegs gewesen, seit Jahren also immer wieder an Lübeck vorbeigefahren, ohne je etwas darüber zu verlautbaren. Inzwischen schienen sie sich bestens auszukennen in der Stadt, in der ich mit meinen Kindern lebe.

Und nun, im Herbst 2007, sah man sich unversehens wieder öfters, und immer meldeten sie sich erst dann an, wenn sie Lübeck schon in Kürze erreichen würden, oder wenn sie längst im *Niederegger* saßen. Einmal eine nachmittägliche SMS von unterwegs:

die Bitte an mich, für sie zu prüfen, ob am Abend in Puttgarden noch Plätze auf der Fähre zu bekommen seien. Als ich dann nichts mehr hörte, fragte ich am nächsten Tag nach, ob sie gut angekommen seien in Schweden oder in Norwegen. Antwort: „Kannst du in einer halben Stunde bei Niederegger sein?" Sie hatten an der Autobahnraststätte Buddikate im Wagen übernachtet.

Manchmal wurde es auch anders merkwürdig: Abends Essen in dem Hotel, in das sie mich gebeten hatten. Danach noch ein Glas Wein? Gern. Dumm war nur, dass die Hotelbar bereits von deutschen Rentnern (eine Busgesellschaft) besetzt war. In der Lobby kein Stuhl zu finden.

„Dann gehen wir eben aufs Zimmer", schlug Odd vor. Ich hatte auch einen Wein dabei, und im Zimmer wäre sicher ein Korkenzieher zu finden gewesen. Aus irgendeinem Grund, der mir nicht ganz klar wurde, saßen wir dann auf drei unbequemen Plastikstühlen im Hotelflur vor dem Aufzug und die Flasche blieb ungeöffnet. Was nicht weiter störte, denn Odd schenkte stattdessen eben ein neues Thema ein.

Später, im November, eilte es abermals von jetzt auf gleich. In der EFSA in Mailand wartete man auf eine Stellungnahme, und diese Stellungnahme von Odd Lindberg schien abermals äußerst eilig und, wenn ich Odds Nachdruck richtig verstand, womöglich entscheidend für die Haltung der EU zu sein, die schon wieder von Kanada und der WTO unter Druck gesetzt werde, um die Gesetze zu lockern und Robbenfelle für Handtaschen und Mäntel zuzulassen. Keine Frage für mich, auch um kurz nach Mitternacht, Odd am anderen Ende, dass es mehr als wichtig sei, dass diese Stellungnahme, auf Norwegisch verfasst, schnellstens, möglichst bis am nächsten Abend, getippt und korrigiert in Mailand vorläge – übersetzt ins Englische.

Selbstverständlich würde ich dafür bezahlt bekommen, sagte Odd, und er sagte dies nicht zum ersten Mal. Und meine Erwiderung war selbstverständlich immer dieselbe: dass dies nicht in Frage komme bei ihrer wirtschaftlichen Lage in ihrer norwegischen Ruine, während der Winter zunehmend über Norwegen einzubrechen drohte, und die Handwerker, die nebenan inzwischen den Rohbau fertig gestellt hatten, einfach nicht voranzukommen und irgendwie auch ihr Handwerk nicht zu verstehen schienen, so dass an einer weiteren Front Ärger zu erwarten war. Zumal der bosnische Vorarbeiter wohl nicht der Meinung zu sein schien, dass hier etwas mangelhaft verarbeitet worden sei.

Mein Problem war, wie damals, vor Jahren: Ich konnte nicht gleich springen, vor allem nicht bei vielen Seiten Fachtext, ich hatte noch andere Verpflichtungen. Außerdem hatte ich Fieber. Ich lieferte, wie trotzdem versprochen, aber bat darum, beim nächsten Mal etwas zeitiger Bescheid zu geben. Daraufhin hörte ich wieder Monate lang nichts mehr.

...

Die norwegische Presse, sie ist besorgt, auch wenn man nach menschlichem Ermessen alles, ja wirklich alles getan hat, um die Welt, das heißt diejenigen, die in der übrigen Welt über Macht verfügen, zu überzeugen vom Unrecht, das die Uninformierten dieser Erde anrichten gegen verarmte Fangnationen wie Norwegen oder Kanada.

Mein Vorschlag, wegen der Aktualität einen neuen Film über Odd zu machen mit all dem Stoff, der in den vergangenen zehn Jahren dazu gekommen ist: Die Produktionsfirma, der ich immer mal wieder Exposés vorlege, kann sich das Thema nach langen erläuternden Gesprächen gut vorstellen. Irgendwann wird deshalb das gemeinsame Exposé verschiedenen Sendern vorgelegt. Die Gründe für die Absagen sind immer Gründe in der Art von Totschlagargumenten, die einer haben würde, dem sonst nichts mehr einfällt. ZDF, WDR oder Bayerischer Rundfunk: Die Sender, das heißt, diejenigen, die dort Entscheidungen treffen im Namen der Gebührenzahler, finden: Robben kein Thema. Oder: Tierschützer kein Thema. Oder: Norwegen kein Thema. Oder: Mobbing kein Thema. Oder: Lebensgeschichten kein Thema. Oder: Der Protagonist kommt nicht aus Nordrhein-Westfalen. Oder: Der vorgeschlagene Protagonist spricht kein deutsch. Würde heute die Delegation eines bisher unbekannten erdenähnlichen Sterns beim Norddeutschen Rundfunk anrufen und anregen, eine Fernsehdokumentation über ihre Beschäftigungsprogramme in Outer Space zu drehen – kein Thema für deutsche Sender und deren Redakteure, wenn die Außerirdischen kein verständliches Deutsch sprechen.

Die erfahrene Redakteurin der Produktionsfirma versteht's im Grunde genauso wenig wie ich. Ich denke: Logik wie Kybernetik, Verstand eines trockenen Brotes, nur weniger witzig, denn man entscheidet im Namen von Fernsehzuschauern, die auch zehn Jahre später diese absurde Geschichte aus Norwegen durchaus für erfahrenswert halten könnten und wahrscheinlich doch auch würden. Alltag im Medienbereich, und nicht nur im Fernsehen, vor allem aber dort: Dokumentationen, sofern sie mal nicht vom Leben nach der Ehe oder der ehemaligen Domina handeln, die jetzt im afrikanischen Harem lebt, als Gefahr für Quoten, die man um jeden Preis erreichen will.

Vielleicht sollte man auch noch die Schulpflicht abschaffen.

Also kein Film.

Ein guter Freund, selbst Regisseur, meint: besser so. „Am Ende hast du sonst noch private Verpflichtungen im Zusammenhang mit dem Film."

Ab und zu mailen wir uns.

Und Odd oder Marith berichten irgendwann vom nächsten Ärger: Seit November 2007 ruhen offenbar die Arbeiten am Haus, das sie doch so dringend benötigen. Zwischendurch ist Odd offenbar immer mal wieder im Krankenhaus: Das Herz. Und Marith mit ihrem schweren Rheuma, Folge des Lebens mit Schimmel über Jahre inzwischen. Dazu Vorkammerflimmern: Der Stress. „Marith kann sich kaum noch auf etwas konzentrieren," schreibt Odd. Ab und zu fällt sie dann auch hin: Der Schwindel. Zwischendurch brauchen sie Auszeiten, die sie sich offenbar auch nehmen können.

Dann fahren sie weg für ein paar Tage. Zum Beispiel wieder nach Lübeck, wovon sie mich nach wie vor erst am Tage vor ihrer Ankunft in Kenntnis setzen. Sie fahren dann nicht weg, wie andere Leute es tun würden, in dem sie den Kofferraumdeckel öffnen, den Kofferraum beladen und dann den Kofferraumdeckel wieder schließen und dann Abfahrt. So wie sie's erzählen: Jeden Tag eine Tüte oder eine kleinen Tasche. Damit die Nachbarn oder sonstige Beobachter nichts mitbekommen. Richtig verstanden habe ich's nicht.

...

Die Hausgeschichte...Odd schildert es irgendwann in einer Mail. Mariths Vater, wie gesagt, und die Sache mit der Versöhnung, und zu dieser Versöhnung zwischen dem todesnahen Vater und seiner Tochter gehört auch die Geste der Hilfe des Vaters beim Bau einer exakten Kopie des inzwischen verfallenen Hauses, das als Haus wohl eine besondere Geschichte in sich trägt, viele Generationen zurück, und das deshalb bewahrt gehört, wenigstens als Kopie, die dann wieder Wind und Wetter standhält. Und damit die Ruine dann endlich abgerissen werden kann. Und damit die Tochter und ihr Mann, wegen dessen Handeln gegen die eigene Nation man die eigene Tochter verstoßen hat, dort endlich in Ruhe ihren Lebensabend verbringen können.

Ein befreundeter Architekt hat Hilfe versprochen. Ein Bekannter dieses Freundes, ein Mann aus Bosnien, der eine kleine Baufirma betreibt, soll die Pläne dann ausführen mit seinem Stab aus polnischen Schreinern, die alle für wenig Geld sehr tüchtig arbeiten, wie es heißt.

Doch recht bald stellt sich heraus: Die Polen sind allesamt keine Schreiner, sondern Maurer. Und ein Haus hat man in Norwegen noch nie gebaut, wie zuvor behauptet wurde. Und als das Haus dann errichtet wird, ist die Liste der Fehler, die noch zu beseitigen sind, irgendwann sehr lang. Doch die Arbeiter weigern sich. Und anstatt, wie abgesprochen, siebenhundert Arbeitsstunden, haben die Männer 1044 Stunden gebraucht, um das Haus inklusive drei Zimmer fertig zu stellen. So gesehen: Ein nicht ganz ungewöhnlicher Fall zwischen Bauherr und Handwerker. Ein lästiger Streit um ausgeführte Arbeiten und um die Rechnungen. Ein Fachmann hat wohl ausgerechnet: 290.000 Norwegische Kronen wären nötig, um die Fehler alle zu beseitigen. Zum Beispiel der ganze Boden im ersten Stock, der längst aufgebrochen ist wegen einer mangelhaften Isolierung.

Der befreundete Architekt, der die ganze Zeit auf Mariths Seite als Bauherrin gestanden hat, er hat offenbar die Seiten gewechselt und ist nun eben kein Freund mehr. Er hat gelogen, falsche Versprechungen gemacht und nicht Wort gehalten.

Und die Anwältin, die man eingeschaltet hat, sie ist auch nicht mehr Mariths Anwältin.

In Norrköping soll Tryggve Kallin unterdessen Amund verklagt haben. Weil Amund einen Jagdsitz abgerissen haben soll. Natürlich hat Amund keinen Jagdsitz heruntergerissen, sagt Odd. „Kallin geht jetzt auf ihn los, weil er weder an mich noch an Marith herankommt." Der Mann gehört seiner Meinung nach zu denjenigen, die hinter den Anschlägen auf dem Hof in Schweden stecken. Die Zerstörungen an den elektrischen Leitungen, an Amunds Traktor und den Reifen des Traktors, das Kappen der Bremsleitungen an Amunds Wagen, von Amunds landwirtschaftlichem Gerät. Die Sache mit der Kuh.

Es ist, als solle dieses Drama nie ein Ende haben. Als solle es für Odd und Marith ewig so weitergehen mit ständigem Ärger. Es ist, als solle an dem Ehepaar

Lindberg für alle Zeiten ein Exempel statuiert werden mit dem Ziel, der Welt zu zeigen, dass es keine Gerechtigkeit gibt in diesem Land, in dem, wie gesagt, einmal jährlich der Friedensnobelpreis verliehen wird.

...

Am 9. April 2008 trifft das zuständige Gericht in Fredrikstad eine Entscheidung, die für Aufsehen sorgt: Eine Privatinsolvenz soll es für den Antragsteller Odd Freddy Lindberg, wohnhaft in Torp bei Fredrikstad, nicht geben. Die Begründung der Richterin Tina Bergstrøm: Dies käme sonst einer „Beleidigung der Robbenfänger, deren Nachkommen und der gesamten norwegischen Gesellschaft" gleich. Nicht nur ich muss es mehrmals lesen, bis ich es glauben kann.

Odd bekundet öffentlich, dass er kein Geld habe. Tage später ruft er an und ist am Boden zerstört.

Währenddessen machen aufrechte Norweger ihrem Ärger und ihrem Unverständnis Luft, wonach es einfach nicht zu fassen ist, weshalb dieser Mann, der seinem Land derart geschadet habe, und dies bei jeder sich bietenden Gelegenheit weiter tue, und weiter tun werde, wenn man ihm nicht endlich Einhalt gebiete – dass dieser Mann es immer noch wagt, sein Gesicht zu zeigen und sich zu Wort zu melden. Schuld ist Schuld, und ein Mann muss geradestehen für seine Schuld. Das ist der durchgängige Tenor.

„Er hätte doch schon vor 18 Jahren mit den Zahlungen anfangen können", schreibt einer im Blog des *Fredriksstad Blad*. Und das Pseudonym Hans Kr. Schreibt: „...Tut man etwas, wofür man bestraft wird, muss man eben zahlen. Entweder in Form einer Gefängnisstrafe, Geldstrafe oder anderer Forderungen, die die Gesellschaft stellt. Ich hoffe, dass die Ausgaben für das Rechtsverfahren noch zu seinen bisherigen Schulden hinzukommen, und dass ein Widerspruch abgelehnt wird. Er könnte doch schon mal damit anfangen, seinen Mercedes zu verkaufen, wenn er Schulden loswerden möchte. Damit würde er die Gesamtschuld sicher um 100-150.000 Kronen reduzieren. Es wäre ein Anfang. An dem Tag, an dem der *„ehemalige Robbenjagdinspekteur*, nunmehr selbsternannte Schriftsteller Odd F. Lindberg seinen Willen gezeigt hat, seine Schuld zu begleichen, kann er wieder anfangen zu klagen. Für das bisher Geschehene sollte er künftig nur noch das Maul halten."

Marith und Odd leben, wie ich von ihnen erfahre, von Krankengeld.

...

Es gibt aber auch ein paar wenige andere Stimmen.

„Lindberg hat eine strengere Strafe als jeder x-beliebige Bankräuber bekommen", sagt Pål Stensaas, im Jahre 1989 verantwortlicher Redakteur bei *Tromsø*, jenem Blatt, das Odds Bericht veröffentlichte. „Es ist eine nationale Schande, dass Lindberg nach 18 Jahren immer noch keine Privatinsolvenz bewilligt bekommt. Offenbar soll er als armer Mann ins Grab gehen." Und sein einstiger Kollege bei dem kleinen Provinzblatt, Yngve Nilsen, spricht ebenfalls von Blamage: „Norwegen saß mit der Schande im Menschenrechtsgerichtshof, während derjenige, der wegen der Robbenjagd Alarm geschlagen hat, weiter auf eine inakzeptable Weise behandelt wird, die dem norwegischen Rechtswesen unwürdig ist."

Ivan Kristoffersen, damals Chefredakteur der Zeitung *Nordlys*, sieht Odd als „einen der ersten Mahner in der norwegischen Gesellschaft", der seinen Frieden verdient habe. „Er hat den Weg für eine größere Humanität im norwegischen Robbenfang geebnet, davon hat der Robbenfang im Nachhinein doch auch profitiert." Und: „Unabhängig davon, was man von der Person Lindberg halten mag, sollte Norwegen versöhnlicher sein." Schließlich habe die „Lindberg-Sache" in Straßburg dem Land zu mehr Meinungsfreiheit verholfen."

Schon im Februar 1999 beeindruckte mich der *Dagbladet*-Journalist Markus Markusson, der genau zehn Jahre nach der Premiere des „umstrittenen Robbenfilms" öffentlich über sein Land nachdachte, in dem Behörden „einen einzelnen zu Freiwild" erklärten, Gerichte die Verfassung durch eine entsprechende Rechtspraxis „aushöhlten" und „wo der Schutz der Person unbedingten Vorrang gegenüber der Meinungsfreiheit" habe.

„Hier rechnet man Ehre um in Kronen und Öre", resümierte Markusson und zählte nüchtern eins und eins zusammen: „Er [Lindberg] wurde bezichtigt, den Robbenjägern, der norwegischen Robbenjagd und Norwegen als Nation geschadet zu haben und wurde zum Einsamen gegenüber der Masse, bloß weil er ein Fragezeichen hinter die norwegische Vortrefflichkeit zu setzen gewagt hatte." Markusson zitierte den häufig in den Medien auftretenden Anwalt der Robbenjäger, Per Danielson, der als „bezahlter Torpedo" vor Gericht unwidersprochen vom *„sogenannten* Robbenjagdinspekteur" sprechen konnte und diesen vor dem Obersten Gericht als „Pest und Qual" bezeichnen durfte.

Und Markusson gehörte zu den wenigen, die darüber staunten, „wie norwegische Schriftsteller und andere Intellektuelle sich ausschließlich für den Stand der Meinungsfreiheit in der Türkei oder Nigeria interessierten, sicher aber nicht um das kümmerten, was in ihrem eigenen Rechtsraum geschah."

2004 meldete sich der Künstler Geir Levi in der eher unbekannten *Gateavisa* zu Wort und brachte die Quintessenz auf eine kurze und bündige Formel: „Norweger kennen nicht den Unterschied zwischen Subjekt und Objekt." Und der Autor versuchte in seiner Kolumne auch den Fall Lindberg historisch einzuordnen: Jahrhunderte lang währende Armut und die Prägung als Volk aus besitzlosen Bauern seien es gewesen, die eine Mentalität der Skepsis nicht nur gegenüber den früheren Kolonialmächten Dänemark und Schweden, sondern auch gegenüber den höheren Ständen geschaffen habe, zu denen auch die Akademiker zählten, und – jede Art von Experten. „Wir gehören entweder zum Klan, zum Stamm oder zum Dorf. Und das, was außerhalb liegt, ist Feindesland. Das Einfache und das Schlichte sind deshalb heilig in Norwegen. Daran darf weder gerührt noch herumkritisiert werden. Genau dies führte dazu, dass Odd F. Lindberg so gehasst und ausgestoßen wurde. Er verriet kritikwürdige Zustände bei der norwegischen Robbenjagd. Und so etwas tut man, verdammt noch mal, nicht in Norwegen." Und: „Es hatte am Ende nie eine Bedeutung, ob Lindberg in der Sache Recht hatte oder nicht – entscheidend war, dass er die Volksseele aus Naturidyll, Selbständigkeit, Jagdromantik, Fischer- und Bauernkultur angegriffen hatte. Das ist hier unverzeihlich. Denn wir in Norwegen hören nicht auf Experten. Experten sind nämlich Gespenster aus der Schweden- und Dänenzeit. Dass Lindberg genau dies nicht verstehen konnte, war sein Fehler und sein Fall, und die Folgen waren katastrophal. Diese Art von Mobbing, dem die Lindberg-Familie ausgesetzt wurde, sucht seit den Übergriffen auf die Deutschenkinder seinesgleichen."

Und dann ist da auch Viggo Ree, Jahrgang 1950.

Auch der Ornithologe und Künstler ist in Norwegen ziemlich bekannt. Der Zeichner und Grafiker ist in Sachen Umwelt- und Tierschutz so etwas wie eine Institution und kann deshalb selbst ein Lied davon singen, was es in Norwegen beispielsweise heißt, sich seit den 80er-Jahren für den Erhalt von vom Aussterben bedrohter Raubtiere wie Wölfe einzusetzen. Telefonische Drohungen waren eine Zeit lang an der Tagesordnung, mitunter reichte es, während einer Radiosendung einem sogenannten „Walforscher" eine Frage zu stellen, um wegen angeblicher Beleidigung eine Strafanzeige zu riskieren.

Viggo Ree ist seit vielen Jahren mit Odd befreundet und erinnert sich noch heute an Augenblicke Ende der 1980er-Jahre, in denen man mitten in Oslo gemeinsam vor einem Mob fliehen musste, der dem „Landesverräter" aufgelauert hatte.

Viggo Ree kämpft im Rahmen seiner Möglichkeiten für den Naturschutz und die Artenvielfalt. Und er kämpft für das Recht auf freie Meinungsäußerung. Aber Ree macht sich nichts vor. Und die Lage von Meeressäugetieren in Norwegen hält der Mann, der 2008 von der *Aftenposten* zum „Held der Umwelt" ernannt worden ist, für „völlig hoffnungslos."

„Die Stimmung hinsichtlich der Robbenjagd hat sich insgesamt beruhigt", sagt er. „Das bedeutet aber nicht, dass man in Norwegen seine Meinung geändert hat. Denn würde man heute eine Meinungsumfrage machen, würden wahrscheinlich weit mehr als 90 Prozent der Bevölkerung nach wie vor die Jagd befürworten.

Kein norwegischer Politiker würde politisch überleben, wenn er Norwegen zu einer Nation machen wollte, die keinen Wal- und Robbenfang betreibt. Und sämtliche politischen Parteien im Storting befürworten die Fortsetzung der Jagd auf Robben und Wale. Und die Behörden haben stets die Presse auf ihrer Seite. Es gibt keine Nation, in der Journalisten derart loyal gegenüber der Wirtschaft und den Behörden sind wie bei uns. Das haben wir auch in der Robbenjagdsache mit Odd deutlich sehen können. Es hat viele Jahre gedauert, bis die norwegische Presse erkannte, dass sie an ihrem eigenen Ast gesägt hat, indem sie sich an der Hetze gegen Odd beteiligte und die Robbenjagd sowie die Fangtraditionen unterstützte. Bo Landin hat diese Verhältnisse genau erkannt und darüber in einem seiner Bücher geschrieben. Darüber hinaus sind hierzulande alle Meeressäuger-Forscher äußerst loyal gegenüber den Behörden und dem Traditionsverständnis. Das liegt vor allem daran, dass sie sonst keine Forschungsgelder bekommen würden. Deshalb überleben in Norwegen alle Lügen über Nahrungsketten und Ökosysteme – nicht zuletzt, weil die norwegische Presse sie bestens unterstützt. Norweger glauben deshalb bis heute daran, dass man Robben und Wale töten muss, damit bestimmte Orte an der Küste nicht aussterben. Das ist zwar völlig lächerlich, aber eben auch Realität. In diesem Zusammenhang muss man auch die Regionalpolitik sehen, über die sich fast alle Parteien einig sind. Es soll eben auch am hintersten Eck des ganzen Landes ein Norweger leben. Und alle natürlichen Ressourcen sollen dabei ausgeschöpft werden."

Rees Prognose: „Die Robbenjagd wird am Ende vermutlich aus nahe liegenden Gründen aussterben. Wirtschaftlich wird die Jagd sowieso nie sein, aber das war bisher nie ein Problem, weil der Staat diesen Zweig subventioniert hat. Aber nun verschwindet das Eis in der Arktis, und damit verschwinden auch die Eismeerarten Grönlandrobbe und Klappmütze. Und deswegen wird die Jagd sowieso ein Ende haben. Der Bestand an Klappmützen im Westeis ist schon heute derart dezimiert, dass derzeit keine Jagd auf sie erlaubt ist. Hinzu kommt das mögliche Verbot der EU von Handel mit Robbenprodukten."

Die Zeitschrift *Ny Tid* erinnerte Anfang 2006 in einem Porträt („Ein Volksfeind kehrt nach Hause zurück") an die Zeit vor 1988, als Norwegen in Odd noch einen anerkannten und respektierten Polarkenner sah. Norwegische Medien bezeichneten Odd Lindberg damals als „Forscher", denn Odd hatte viel Erfahrung aus der Arktisregion zu bieten. Er hatte entsprechende Dokumentarfilme gedreht und als Journalist gearbeitet, als Schriftsteller und als Fotograf.

Vor allem im Jahre 1986, als Norwegen den 75. Jahrestag von Roald Amundsens Ankunft am Südpol feierte, stand Odd hoch im Kurs. Als die Meteorologin und Gletscherexpertin Monica Kristensen im Winter des Jahres den (vergeblichen) Versuch unternahm, die historische Expedition zu wiederholen, gehörte Odd zu den zentralen Stützpfeilern des Unternehmens. Vom „norwegischen Amundsen-Experten" war in den Medien des Landes die Rede. Am 12. Dezember 1986 versorgte die norwegische Nachrichtenagentur NTB die Redaktionen des Landes mit einem Kommentar (Titelzeile „Respekt sicherte Amundsen den Südpol"). Der Autor hieß Odd F. Lindberg. Die Idee zu einer Amundsen-Ausstellung im Osloer Ski-Museum ging von dem Mann aus Fredrikstad aus, und bereits Mitte der 70er-Jahre hatte das Außenministerium Odd darum gebeten, eine internationale Ausstellung über den Polarhelden zu konzipieren. Der Mann hatte schließlich schon Bücher über Amundsen geschrieben, welche auch ins Schwedische übersetzt worden waren.

Eigentlich war er auf seine Weise ein Held.

Bis sich dann alles änderte.

...

18. Juni 2008.

„Nicht meine Sache, sagt Odd"

Die Überschrift des Artikels im *Fredriksstad Blad*, inzwischen einer von vielen allein über den Streit zwischen Lindbergs und den Handwerkern, gibt faktisch die Wahrheit wieder, denn Marith ist die Bauherrin. So gesehen, hat Odd tatsächlich nichts damit zu tun. Am selben Tag berichtet das Blatt über den Umstand, dass Marith ohne Anwalt dasteht.

„Vor einiger Zeit brach sie die Zusammenarbeit mit Rechtsanwältin Britta Gerhardt ab. Auch in diesem Zusammenhang war die Begründung, dass sie mit den ausgeführten Arbeiten unzufrieden ist." Hinweis darauf, dass die geschasste Juristin inzwischen eine Pfändung in Höhe ihres Honorars in Höhe von 130.000 Kronen beantragt habe. „Das Gericht hat mitgeteilt, dass eine Aussetzung des Verfahrens nicht in Frage kommt."

...

Am 24. Juni 2008. Ein Dienstag.

Überschrift: „Kein Lindberg kam"

Wie Odd es mir per Mail am andern Tag erzählt:

„Wir sind am Freitag früh nach Schweden gefahren, um dort Mittsommer mit Freunden zu feiern. Unterwegs ging es Marith sehr schlecht, sie spuckte Blut und hatte Magenschmerzen. Wir waren gezwungen, in Lidköping einen Arzt aufzusuchen. Er schrieb ein Attest und eine Krankmeldung und faxte dem Gericht, dass Marith dort nicht erscheinen könne. Montagmorgen rief ich das Gericht an, um zu hören, ob sie das Fax erhalten haben. Ich bekam den Bescheid, dass es bereits am Freitag abgelehnt worden sei. Ich sprach also mit dem Richter, der das Verfahren in der Hand hat, und er erzählte, dass er kein Schwedisch verstehe. Er verlangte, dass Marith zur Notaufnahme fahre und dort eine norwegische Krankschreibung bekäme. Er gab ihr eine Frist bis 12 Uhr mittags. Dann wollte er entscheiden. Um die Geschichte kurz zu machen – Marith schaffte diese Uhrzeit nicht. Um 12 Uhr 10 war das Attest ausgestellt, aber..." Ich glaub's.

Ein weiterer Artikel. Er zeigt, passend zur Überschrift, ein Foto von einer leeren Anklagebank. „Marith Lindberg glänzte durch Abwesenheit", heißt es. Und der Redakteur versäumt es nicht, darauf hinzuweisen, dass es „bei weitem nicht das erste Mal" sei, „dass Marith Lindberg einem Gericht eine Krankmeldung vorlegt". Hinweis auf die „viel beachtete Tierquälgeschichte aus Schweden". Und im Forum der Zeitung überschlagen sich abermals die Kommentare. Ausländerfeindlichkeit paart sich mit Schadenfreude und gebiert am Ende ein allgemeines Einverständnis über das Schicksal dieses Mannes, dieser Frau und dieser Familie.

Genau einen Tag später, am 25. Juni 2008, die Sensation: Das Berufungsgericht in Oslo verwirft das Urteil vom April gegen Odd, und zwar einstimmig. Vor allem wegen Verfahrensfehlern. Es gibt keine Grundlage, dem Betroffenen eine Privatinsolvenz zu verweigern, heißt es. Nach 18 Jahren wird er plötzlich und auf einmal dieses Damoklesschwert los. Und zum Aufmacher in vielen norwegischen Medien.

...

Ein Monat später.

Freitag, der 18. Juli 2008. Ich erhalte eine SMS. „Sind in Lübeck." Ob ich Zeit und Lust hätte. „Wie immer bei Niederegger?" Dumm ist, dass ich gerade auf dem Weg nach Hamburg bin. Doch ich habe Recht mit meiner Ahnung: Odd und Marith sind unterwegs, am Montag werden sie wieder den Weg an Lübeck vorbei haben. Und so treffen wir uns abends um neun. Natürlich hat ein Café Niederegger in der Touristenstadt Lübeck mitten in der Hochsaison längst geschlossen. Und auch der Ratskeller, den die beiden, im Gegensatz zu mir, gut zu kennen scheinen, macht bald zu. Wir gehen dann ins Hieronymus, stehen eine Weile herum zwischen besetzten und unbesetzten Tischen, so dass die Bedienung kommt, und sich erkundigt. Odd wäre wohl jetzt doch eher noch Schiffergesellschaft, doch auch die wird jetzt nichts mehr servieren. „Ach, bist du denn hungrig?" fragt Odd, was ich verneine und mich deshalb einfach gerne setzen würde, und mich nicht daran störe, dass diese Kneipe einfach eine nette Kneipe, aber nicht ein Lübecker Wahrzeichen ist.

Odd fragt, was ich denn sonst noch kennen würde hier in der Ecke. Es gäbe durchaus alle möglichen Kneipen, aber die Remise, das Tipasa oder das Kandinsky nebenan, sie werden Odd dann auch nicht gefallen, wenn es jetzt um Schiffsmobiliar geht.

Na gut.

Am nächsten Abend sitzen wir schließlich im Ratskeller, am Abend darauf ebenfalls. Meistens zahlen Odd oder Marith den Kaffee oder das Bier. Was ihnen nicht eingeht, vor allem nicht Odd: dass sich eine Bedienung einfach weigern kann, zwei Euro sechzig mit der Visakarte begleichen zu lassen. Auch ich finde es etwas haarig, Servicewüste Deutschland eben. Aber dass man sich am andern Tag die Geschäftsleitung kommen lässt deswegen, will mir nicht einleuchten.

Dann essen wir bei Karstadt und ich werde abermals eingeladen. Und staune dann, was man sich alles auf einen Teller schaufeln kann. An der Kasse unterschreibt Odd den Kreditkartenbeleg mit drei X und lacht dann die verunsicherte Kassiererin an. Eine andere hätte dies womöglich nicht durchgehen lassen. Was wäre dann wieder passiert?

Ist doch etwas dran, wenn selbst Norweger, die ich kenne und schätze, und die Odds Sache schätzen, bemerken, dass man den Eindruck bekommen könne, dass, was immer dieser Mann auch anrührt, am Ende zu bösem Blut führt?

Am Tisch strahlen mich dann wieder zwei wache und gütige hellblaue Augen an. Und wir reden wieder über alles Mögliche. Vieles wusste ich natürlich nicht, etwa die Geschichte über seine Brüder, von denen einer wohl zur See gefahren ist.

Es sind auch andere, private Dinge. Auch sie erfahren Privates von mir. Was ich zum Beispiel auch nicht wusste: dass Norweger, die Bokmål sprechen, kaum verstehen, was ein Landsmann auf Neunorwegisch sagt. Und umgekehrt.

Im Übrigen sind sie begeistert von Lübeck. Das heißt: sie mögen die Architektur der Stadt. Odds Fragen zu den Stadttoren. Ich kann gar nicht so schnell auf Wikipedia nachlesen, was ihn alles interessiert.

Sie sind auch begeistert von dem Zufall einer Begegnung: Die zufällige Bitte eines jungen Familienvaters auf der Straße an Odd, mitsamt der Familie vor der Lübecker Kulisse fotografiert zu werden. Und schnell stellt sich heraus: Landsleute, und zwar Landsleute, die es tatsächlich noch geben soll, nämlich Landsleute, die sich, wenn überhaupt, nur dunkel an die Robbengeschichte erinnern können, und die, nachdem Odd sie ihnen in einem Lübecker Café (oder sonst wo) zusammengefasst hat, entsetzt sind und sich schämen für das, was die gemeinsame Nation dieser Familie angetan hat.

Meine Freude über seine Freude darüber ist aufrichtig.

Zwischendurch nervt's wieder. Irgendein Foto von ihm: er hält etwas in der Hand. Seine Frage, was ich denn jetzt mit dem Foto mache.

„Inget speciellt", sage ich. Privatarchiv, bestenfalls, denn mit speziell diesem Bild kann ich wirklich nichts weiter anfangen. Fünf Minuten später, wir haben längst ein anderes Thema, wieder dieselbe Frage. Und ob ich es nicht löschen könne. Sein Nachdruck ist freundlich, bleibt aber bestimmt.

Ich tue, als habe ich's nicht gehört und bleibe beim Thema.

„Du", sagt er dann, „du kan vel ta bort bildet?"

Wieso?

„Fordi du ikke trenger det."

Ich denke: Mein Bild, meine Kamera, meine Freiheit. Nach weiteren fünf Minuten gebe ich dem Kontrollzwang nach und lösche, damit wir wieder zum Thema zurückkommen können. Woraufhin Odd nun doch die Kamera haben möchte, ich sie ihm wortlos überreiche und er dann kontrolliert Bild für Bild.

Dann ist er wieder der Patriarch: „Oversett!" Und ich bin dann aus nahe liegenden Gründen wieder der Dolmetscher zwischen ihm und irgendeiner Bedienung oder sonst wem.

Ein anderes Mal: „Det får du ikke lov til å skrive om." Zensur also selbst im privaten Gespräch. Und immer wieder ihre ewige Heimlichtuerei: Ich weiß nicht, ob sie tatsächlich zwischendurch dort gewesen sind, wo sie behaupten, gewesen zu sein. Oder ob sie nicht doch die ganze Zeit in Lübeck waren. Ich weiß nicht einmal, ob's mich interessiert. Und ob Marith und

Odd tatsächlich die ganzen Nächte in ihrem Wagen geschlafen haben, statt mein Angebot anzunehmen, ich weiß es nie, ich forsche auch nicht nach, wieso auch. Es ist mir egal. Ich verstehe bloß diese ewige Heimlichtuerei nicht.

Oder verstehe ich sie eigentlich doch?

Zwischendurch, auf dem Weg von ihnen an den Stadtrand, wo ich lebe: Einsicht. Marith und Odd, sie sind eben anders, weil ihr Leben sehr anders ist als das der anderen, eigentlich aller anderen. Wie würde ich sein, wenn ich über viele Jahre hinweg so gelebt hätte wie sie?

Das habe ich zu respektieren. Meine Freundschaft hängt ja auch nicht von der Befolgung eines Rates ab. Es gibt schließlich anderes, was uns verbindet.

Ich weiß gar nicht, was sie wirklich über mich denken. Ich weiß bis heute eigentlich nicht genau, wo Odd politisch steht. Einmal haben wir uns etwas über die globale Erwärmung in die Haare bekommen.

Ein norwegischer Bekannter über die Art, wie man Odd in den norwegischen Medien wahrgenommen habe: Immer sehr ernst im Ausdruck, etwas seltsam in der Erscheinung, zuweilen arrogant im Tonfall. Ein Mann, wie gesagt, mit dem es offenbar immer Ärger zu geben scheint.

Wenn man so mit ihnen zusammensitzt in einem Café, in einer Kaufhauskantine oder mit ihnen durch eine deutsche Fußgängerzone schreitet wie skandinavische Touristen: ein älteres Ehepaar, freundlich, zurückhaltend, irgendwie auch jung geblieben und offen für allgemeine Fragen. Ein gutes Paar eigentlich. Und eigentlich kann man sich beide nicht in irgendeiner ernsthaften Auseinandersetzung vorstellen, im Grunde auch Odd nicht, der ein bisschen wie der staunende Onkel vom Land wirken kann, wenn er auf einer Kaufhausrolltreppe steht und schaut.

Was ich mir hingegen vorstellen kann: Hie und da ein ungeschicktes Agieren, eine unbedachte Wortwahl. Posen, die missverstanden worden sind. Und eine gewisse Holz- und Dickköpfigkeit auch. Vielleicht auch ein gewisses Maß an Realitätsverlust durch eine jahrelange Isolation, die keinem Menschen gut tun wird auf Dauer.

Einmal meine Frage an ihn, die natürlich auch andere schon an Odd gestellt haben: Würdest du es noch einmal genau so machen?

Seine Antwort ohne Zögern: „Ja!"

Hast du nicht irgendwas falsch gemacht?

„Doch! Ich bin naiv gewesen in vielen Dingen. Ich hätte taktischer vorgehen müssen, gerade im Hinblick auf die Medien."

Im Herbst 2008 wartet das EU-Parlament immer noch auf den Entwurf der Kommission.

Der Administrator des *Fredriksstad Blad*, wie gesagt, er hat viel zu tun. Er oder sie arbeitet schnell. Gerade eben kündigte das Pseudonym Mister X an, mich, beziehungsweise denjenigen, für den er mich hält, „bei nächster Gelegenheit am nächsten Baum aufzuhängen."

Keine Minute später ist aber auch dieser Kommentar wieder vom Administrator gelöscht.

(2008)

Besatzung bestens konserviert

Menschen verschwanden einfach, immer mal wieder, sie gingen gerade eben noch zum Zigarettenholen durch die Tür und kamen nie wieder. Oder sie kehrten nie mehr von Reisen zurück, die sie in geheimem Auftrag angetreten hatten, oder die sie in abenteuerliche Ecken dieser Welt brachten. Doch die größten Mysterien sind auf hoher See angesiedelt. Die Geschichte geisternder Schiffe ist lang und reicht bis in unsere Tage.

Drei Sonnenbrillen fehlten, ebenso zwei Hüte, ansonsten war alles an Ort und Stelle: T-Shirts und Handtücher, ordentlich gefaltet an Deck. Unter Deck befanden sich einsatzbereite Laptops und Mobiltelefone auf dem Tisch, daneben lagen Portemonnaies, Armbanduhren und Digitalkameras, eine Sonntagszeitung ausgebreitet in der Art, wie sie jemand hinterlässt, der nur mal auf eine Zigarette hinausgegangen ist. Der Katamaran *Kaz II*, 9,8 Meter lang, lief gemütlich auf Maschine, die Segel waren gesetzt. Nur eines fehlte, und zwar völlig – die Besatzung.

60 Nautische Meilen entfernt von Townsville an der Nordostküste Queenslands wurde das Segelboot von einem Hubschrauber des australischen Zolls entdeckt. Von den drei Männern aus dem westaustralischen Perth, die die Yacht innerhalb von sechs bis acht Wochen in den Heimathafen zurückbringen wollten, fehlt bis heute jede Spur.

„Es war, als seien sie gerade von Bord gegangen", sagt Keryn Grey, die Tochter einer der Männer in den späten Fünfzigern. Ein Segel war zerfetzt und einige der Fender - Kunststoffbojen, die gewöhnlich zum Schutz der Bordwand beim Anlegen an den Schiffsseiten heruntergelassen werden - waren aus unbekannten Gründen gesetzt. Sofort eingeleitete Suchaktionen führten zu nichts, die drei Australier blieben verschwunden.

Was sich Ende April diesen Jahres an Bord der *Kaz II* abgespielt hat, und was mit den drei Männern passiert ist, wird möglicherweise nie geklärt werden können. Und so reiht sich der wie von Geisterhand gesteuerte Katamaran, der offenbar schon seit drei Tagen menschenleer im Südpazifik unterwegs gewesen war, in eine lange Liste von Schiffen ein, die seit Menschengedenken auf den Weltmeeren herumgeistern.

1775 wurde zum Beispiel die *Octavius*, ein englisches Handelsschiff auf dem Rückweg aus China vor der Küste Grönlands gefunden. Dem Logbuch war zu entnehmen, dass der Kapitän im Jahre 1762 versucht hatte, die Nordwestpassage zu durchqueren. Nach 13 Jahren im Packeis war dies offensichtlich gelungen, die Besatzung bestens konserviert.

Einer der ersten, von modernen Medien verbreiteten Fälle rührt aus dem Jahr 1840. Er war am 6. November der Londoner *„Times"* zu entnehmen:

„Ein großes französisches Schiff, unterwegs von Hamburg nach Havanna, wurde von einem unserer Küstenschiffe völlig verlassen vorgefunden. Die Ladung, bestehend aus Wein, Früchten, Seide, etc., war in bestmöglichem Zustand. Die Dokumente des

Kapitäns waren ebenfalls vorhanden. Die einzigen lebenden Wesen an Bord waren eine Katze, etwas Geflügel, sowie mehrere Kanarienvögel, allesamt halbtot vor Hunger. Das Schiff, das innerhalb weniger Stunden verlassen worden sein muss, hatte auch einige Ballen Waren geladen, adressiert an verschiedene Handelsleute in Havanna. Das Schiff ist sehr geräumig, erst vor kurzem erbaut und trägt den Namen *Rosalie*. Aufschlüsse über den Verbleib ihrer Besatzung und Passagiere sind nicht zu finden."

Im Archiv des Schiffsversicherers Lloyds in London stößt man dabei auf ein Schiff aus derselben Zeit, das so ziemlich alles mit der *Rosalie* gemeinsam hat – bis auf den Namen. Dieser lautet hier *Rossini*, und sowohl Zielhafen als auch Ladung sind identisch. Laut Akten lief die *Rossini* am 3. August desselben Jahres unweit der Bahamas auf Grund. Besatzung und Passagiere wurden offenbar in geordneter Form gerettet, das Schiff selbst am 17. August 1840 nach Nassau geschleppt.

Fest scheint immerhin zu stehen, dass weder ein Kapitän noch ein Besatzungsmitglied sowohl einer *Rossini* als auch einer *Rosalie* später jemals auf einem anderen Schiff angeheuert hat.

Wie der Bericht der „*Times*" zustande gekommen war, bleibt indes im Nebel. Dass das Schiff mit den zwei Namen etwa erst vor kurzem verlassen worden war, war offenkundig eine bloße Behauptung des Autors ohne Beleg. Im Bergungsbericht ist hinsichtlich der Evakuierung des Schiffes sibyllinisch von „merkwürdigen Umständen" die Rede, präzisiert werden diese aber nicht, was den Schluss nahe legt, dass wichtige Informationen offenbar manipuliert wurden, ehe diese schließlich bei Lloyds landeten.

Das Muster scheint indes für eine ganze Reihe von Geisterschiffen typisch zu sein: Die Schiffsladung: unberührt, das Essen: womöglich gerade eben erst aufgetischt, die Kleidung und anderen persönlichen Habseligkeiten der Besatzung: ordentlich aufgeräumt. Nur über den Verbleib der Menschen fehlt jeglicher Hinweis, meistens sind diese angeblich erst vor wenigen Stunden, maximal vor ein paar Tagen verschwunden. Wieso, weiß niemand.

Im Jahre 1849 wurde der holländische Schoner *Hermania* vor der Küste Cornwalls entdeckt, friedlich vor sich hin schaukelnd. Bei näherem Hinsehen stand allerdings schnell fest: Auf der *Hermania* musste zuvor Dramatisches geschehen sein - die Masten waren abgerissen und spurlos verschwunden, die übrige Ausrüstung, Ladung sowie die Einrichtung schwer in Mitleidenschaft gezogen. Und auch hier fehlte von der Besatzung jede Spur, obwohl das Rettungsboot unberührt geblieben war.

Die *Hermania* musste einen schweren Sturm durchlitten haben, der das Schiff in weiten Teilen zerlegt und die gesamte Besatzung über Bord gespült hatte. Doch an der britischen Südküste hatte sich in fraglicher Zeit überhaupt kein Unwetter ausgetobt. Der Vorfall inspirierte deshalb etliche Schreiber zu eigenen Spekulationen darüber, was auf dem Schoner vorgefallen sein könnte – hoch im Kurs stand unter anderem die Attacke eines riesigen Octopoda, besser bekannt als Krake.

Anderer Ort, anderes Schiff: Die *James B. Chester* war völlig unbeschädigt, als diese am 28. Februar 1855 mitten auf dem Atlantik vorgefunden wurde. Wieder hatte das Schiff auf rätselhafte Weise seine gesamte Besatzung verloren. Verschwunden waren auch der Schiffskompass und das Loggbuch sowie andere wichtige Papiere. Persönliche Gegenstände schienen in großer Hast zusammengerafft worden zu sein. Aktenzeichen ungelöst.

Selbst auf vergleichsweise überschaubaren Binnengewässern entstanden ungelöste Mysterien. So steuerte im Juni 1872 das 55 Meter lange Flussschiff *Iron Mountain* den Mississippi entlang, hinter sich zwei große, mit Baumwolle und in Tonnen abgefüllten Sirup beladene Lastkähne im Schlepptau. Die Lastkähne wurden Tage später herrenlos herumtreibend vorgefunden, von der *Iron Mountain* oder den 52 Passagieren ward nie wieder etwas gehört oder gesehen.

Als *das* Geisterschiff schlechthin gilt freilich eine Brigg, deren Mysterium alle anderen bei weitem übertrifft. Es war der 4. Dezember 1872, als die Besatzung der *Dei Gratia* den merkwürdigen Zickzackkurs eines anderen Schiffes am Horizont beobachten konnte. Der Kapitän der *Dei Gratia,* David Morehouse, ordnete deshalb an, das Schiff zu verfolgen.

Als man die *Mary Celeste* östlich der Azoren erreichte, waren aber jegliche Versuche, mit der Besatzung zunächst akustisch in Kontakt zu treten, um zu erfahren, was los sei, vergebens. Morehouse ließ daraufhin seine beiden Steuermänner Oliver Deveau und John Wright zur *Mary Celeste* übersetzen. Deveau und Wright fanden ein menschenleeres Schiff im Chaos vor: Die Takelage war zerrissen, zwei Luken weggerissen, die Kombüse stand unter Wasser, der Kompass war zerstört, und das Ruder nicht verzurrt, was auf ein fluchtartiges Verlassen der *Mary Celeste* hindeutete.

Dei Gratia-Kapitän Morehouse hatte den Schiffsführer der *Mary Celeste*, Benjamin Briggs, persönlich gekannt. Dies stellte sich schnell nach Überprüfung der Schiffspapiere und des Logbuches heraus.

Briggs war nicht nur ihm als erfahrener Seemann bekannt, weshalb das spurlose Verschwinden von ihm und seiner Besatzung sowie seiner mitgeführten Ehefrau Sarah und der gemeinsamen zweijährigen Tochter Sophia erst recht ein Rätsel blieb, das ebenfalls bis heute nicht geklärt werden konnte. Stattdessen sorgte das geheime Schicksal der *Mary Celeste*-Besatzung für wildeste Spekulationen und Legenden.

Bald machten Gerüchte die Runde, Briggs sei auf hoher See verrückt geworden und habe zuerst seine Familie, anschließend seine ganze Besatzung umgebracht. Ein blutgetränkter Säbel sei schließlich in der Kapitänskoje gefunden worden. Über die Sogkraft des Bermuda-Dreiecks wurde gemunkelt, über Außerirdische, über eine Wette Briggs an einem Tag mit Flaute, dass man auch voll bekleidet schwimmen könne, worauf dieser, ein Mann, ein Wort, absichtlich über Bord gegangen sei und – wegen einer zusammenbrechenden Plattform am Schiffsheck – aus Versehen schließlich auch die restliche Besatzung. Allesamt sollen dann, so wollte es ein anonym bleibender Gewährsmann wissen, schnell von Haien verspeist worden sein.

Eine andere Theorie besagte, dass die mit Industriealkohol beladene *Mary Celeste* Schauplatz einer veritablen Blutorgie gewesen sei. Demnach soll sich die Besatzung zunächst an den an Bord befindlichen Fässern bedient haben und dann zur internen Schlacht geschritten sein.

Sehr viel wahrscheinlicher tönt da die Erklärung des Versicherungsexperten Sir William Charles Crocker, wonach die Alkohol-Ladung zwar sehr wohl eine Rolle für die Entvölkerung der *Mary Celeste* gespielt haben könnte, allerdings eine völlig andere: Danach musste wegen der austretenden Dämpfe immer wieder der Frachtraum gelüftet, bei stürmischem Wetter die Luken wiederum geschlossen gehalten werden.

Da sich neun der Fässer vermutlich während der Fahrt durch Leckage entleert hatten, könnte die Luft im Frachtraum in eine hochexplosive Ethanol-Luftmischung verwandelt worden sein, die sich auch in der Kombüse ausgebreitet haben dürfte. Und als man dort irgendwann, nichts ahnend, den Herd anzünden wollte, könnte es zu einer veritablen Verpuffung gekommen sein, die sich durch die Laderäume hindurch fortsetzte. Dass man später bei der Untersuchung des Schiffs keine Rauchspuren vorfand, bestätigte eher diesen Verdacht. Denn eine Alkoholverbrennung hinterlässt keine Verbrennungsrückstände. Aus Furcht vor einer weiteren Explosion könnte die gesamte Besatzung in das Rettungsboot geflohen sein, welches zunächst durch ein Seil mit dem Schiff verbunden war. Als dieses irgendwann riss, trieb das Boot ab.

Als Geisterschiff der besonderen Art gilt die holländische *S.S. Ourang Medan.* Je nach Quelle, soll die Besatzung des Frachtschiffs entweder im Juni 1947 oder im Februar 1948 in der Straße von Malakka zwischen Indonesien und Sumatra viele Notrufe abgesetzt haben. Diese wurden von der amerikanischen *Silver Star* aufgefangen, die sofort Kurs auf den Havaristen nahm.

Als die *Silver Star*-Besatzungsmitglieder dann an Bord der *Ourang Medan* gelangten, fanden sie die gesamte Mannschaft des Schiffes tot vor, ohne erkennbare äußere Zeichen einer Gewalteinwirkung. Doch noch bevor die hilflosen Helfer der Ursache des ominösen Massentodes auf den Grund gehen konnten, mussten sie schon wieder von Bord des Havaristen fliehen. Denn in den Frachträumen war unterdessen ein Feuer ausgebrochen. Kaum in Sicherheit, konnten die zur Hilfe gerufenen Amerikaner nur noch zusehen, wie die *Ourang Medan* vor ihren Augen explodierte und sofort sank.

Welches Schicksal dem holländischen Schiff und seiner Besatzung zuteil geworden war, blieb unbekannt. Mehr noch: Ob es dieses Schiff überhaupt jemals gegeben hat, nicht einmal dies gilt als gesichert, zumal sich weder in offiziellen holländischen Schiffsarchiven ein Schiff mit dem Namen *Ourang Medan* finden lässt, noch irgendwo ein entsprechendes Versicherungsdokument archiviert wurde.

Für den britischen Marinehistoriker Roy Bainton ist dies noch lange kein Grund, an der Existenz des Schiffes zu zweifeln, und erst recht nicht an dessen Schicksal.

Bainton glaubt, dass die *Medan* beim Schmuggel von Gift wie Zyankali zum Einsatz gekommen war, welches dann in Verbindung mit Wasser die gesamte Mannschaft hinraffte. Die Explosion sei, so Bainton, Folge der Reaktion ebenfalls geladener Nitroglycerinbestände gewesen. Andere „Experten" wussten von angsterfüllten Gesichtszügen der Opfer zu berichten, die – mal wieder – von Ufos, mindestens aber anderen paranormalen Erscheinungen heimgesucht worden waren.

Die tatsächliche Existenz der *MV Joyita* steht hingegen ohne Zweifel fest. Am frühen Morgen des 3. Oktober 1955 machte diese auf Samoa im Südpazifik los, mit Kurs auf die 430 Kilometer entfernten Tokelau-Inseln, wo das 21 Meter lange Holzschiff, 1931 ursprünglich als Luxusyacht für einen amerikanischen Filmboss gebaut, nach zwei Tagen hätte ankommen müssen. Weil die *MV Joyita* nie im Zielhafen eintraf, wurde eine auf 260.000 Quadratkilometer angelegte Suchaktion anberaumt, an der sich auch die neuseeländische Luftwaffe sechs Tage lang beteiligte. Mit wenig Erfolg.

Erst fünf Wochen später wurde die *MV Joyita* mehr als tausend Kilometer von ihrer vorgesehenen Route per Zufall aufgefunden, ein Teil des Schiffes befand sich unter Wasser, von den 16 Besatzungsmitgliedern und neun Passagieren sowie vier Tonnen Ladung fehlte jede Spur. Das Funkgerät an Bord war auf 2182 kHz eingestellt, die damalige internationale Notruf-Frequenz.

So wurde die *Joyita* zu einer Art „Mary Celeste des Südpazifiks", eine Vorlage für ungezählte Bücher und Dokumentarfilme, die mit allen möglichen und unmöglichen Erklärungen für das Verschwinden der Passagiere und Ladung aufwarteten. Die auf den Fidschi-Inseln erscheinende Times and Herald zitierte eine „sichere Quelle", wonach die *Joyita* an eine Flotte japanischer Fischerboote geraten war und die Besatzung dabei „etwas beobachtet" hätte, was die Japaner vor fremden Augen lieber verborgen hätten. Möglich erscheint aber auch, dass das Schiff schlechterdings in die Hände von schlichten Piraten gefallen war, die die 25 Passagiere umbrachten und ins Meer warfen, und mit der Ladung wieder von dannen zogen.

Zumindest heutzutage scheinen „Geisterschiffe" vor allem Fälle von Versicherungsbetrug oder moderner Piraterie zu sein, wie das Beispiel der unter der Flagge Panamas fahrenden *MV Tenyu* anschaulich demonstriert.

In der Nacht zum 27. September 1998 verschwand das Schiff in der Straße von Malakka mit einer Ladung Aluminium im Wert von umgerechnet zwei Millionen Euro. Drei Monate benötigten die Fahnder, bis der Frachter schließlich im chinesischen Hafen *Zhang Jiagang* aufgespürt werden konnte - umgebaut, neu gestrichen und mit einem neuen Namen versehen. Der Frachter hieß jetzt *Sanei 1*, ein Name, der von einem tatsächlich existierenden japanischen Schiff übernommen wurde und auf den auch noch legale Papiere in Honduras ausgestellt worden waren. An Bord befanden sich nun 16 neue indonesische Seeleute. Die ursprüngliche Besatzung der *MV Tenyu* blieb verschollen und gilt als tot.

Spurlos verschwunden blieb auch die siebenköpfige Besatzung der 20 Meter langen *High Aim 6*, die am 8. Januar 2006 rund 250 Kilometer von Broome an der Westküste Australiens herumtrieb. An Bord befanden sich sieben Zahnbürsten und Ladeabteile voller faulendem Fisch, die Treibstofftanks waren gut gefüllt. Soviel stand fest: Am 31. Oktober 2002 hatte das Schiff den Hafen von Liuchiu auf Taiwan verlassen. Der Eigner des Trawlers, Tsai Huang Shueher, hatte nach eigenen Angaben zuletzt im Dezember 2002 Kontakt mit dem Kapitän gehabt. Was zwischen dem Telefonat und dem Tag des Auffindens durch die australische Küstenwache passiert war, wurde nie aufgeklärt. Das 130-Tonnen-Gefährt wurde an Land geschleppt und irgendwann verschrottet.

Wenige Wochen später entdeckte die australische Küstenwache vor Weipa im Norden Queensland einen 80 Meter langen, mit Reis beladenen Tanker Namens *Jian Seng*, über den weder zu erfahren war, von wo er stammte, noch, wem er gehörte, geschweige denn, was mit der Besatzung geschehen war. Die Behörden ließen den Kahn zunächst nach Weipa bugsieren und von den schlimmsten Umweltgiften, die sich an Bord befanden, befreien. Weil kein Eigner zu finden war, wurde die *Jian Seng* in tiefere Gewässer gezogen und dort versenkt.

Ursprung und Zielort waren im Falle der *Kaz II* genauso bekannt wie ihr Eigner. Was aus diesem und seinen beiden Weggefährten geworden ist, scheint aber, wie in den vielen anderen Fällen, ebenfalls nicht geklärt werden zu können. Eine mögliche Erklärung wäre, dass der Katamaran irgendwo bei George Point auf eine Sandbank aufgelaufen ist, und die drei Männer von Bord mussten, um das Segelboot wieder flott zu machen. Kurz zuvor hatte es von dort aus jedenfalls den letzten Funkkontakt gegeben.

Möglicherweise kam dann eine Windböe auf und trug die *Kaz II* davon, bevor es Skipper Derek Batten und seine Crewmitglieder Peter und Jim Tunstead wieder an Bord schafften.

Möglicherweise. Man weiß es nicht. Man weiß bloß, dass drei Sonnenbrillen fehlten, ebenso zwei Hüte, und dass ansonsten alles an Ort und Stelle war.

(2007)

Weltniveau mit anderen Mitteln

Der Strand im Sonnenschein, das Meer dabei azurblau, die Möwen mit ihrem dauernden Gekreische am Himmel auf Patrouille nach Essensresten. Schön ist's am Meer. Und doch kommt man sich vor wie im öffentlichen Nahverkehr.

"Haben Sie schon die Kurtaxe bezahlt? Ach ja? Kann ich dann bitte mal Ihre Strandkarte sehen?" Kontrolle auch hier durch Angestellte in zivil, dabei befindet man sich hier auf öffentlichem Grund und nicht etwa inmitten adeliger Ländereien. *"Strandkartenkontrolle!..."*

Die Finnen, die sich zurückhaltend direkt an den Rosenbüschen niedergelassen haben, wollten eigentlich nur die Zeit überbrücken bis zur Abfahrt ihres Schiffes. "Vier Personen? Macht 20 Mark." Nicht alle zahlen ohne Widerspruch. Die fünfköpfige Familie aus Böblingen bei Stuttgart will, wenn überhaupt, nur den halben Preis bezahlen, schließlich sei man "erscht heit mittag da'gwese." Nix da: "Wenn keine Zahlungsbereitschaft besteht", erläutert der graumelierte Strandwärter im weißen Badeanzug, "dann muss ich Sie des Strandes verweisen." Ende der Durchsage.

Wir sind in einem eingeführten westdeutschen Ferienparadies, der Lübecker Bucht. Die Iren auf der geflochtenen Matte neben uns sind einigermaßen enttäuscht ob der Auskunft, dass Travemünde definitiv nicht zur DDR gehört hat, und somit auch nicht der

Klotz, in dem sie wohnen. Sie waren sich so sicher gewesen: der biedere Schick im "Strandhotel Maritim" als Fortsetzung des ostdeutschen "Weltniveaus" mit anderen Mitteln. *"Strandkartenkontrolle..!"*

Dabei hat sich die Tourismusgilde von Travemünde schon im vergangenen Jahr bemüht, den 12.000 Einwohner zählenden Stadtteil von Lübeck von jeglichem Muff zu befreien. Eine Art Bürgerwehr hatte sich seinerzeit unter dem Namen "Pro Travemünde" darangemacht, mit "absoluter Härte und Willensstärke" (Sonderbeilage der *Lübecker Nachrichten*) gegen verwahrloste Ententeiche und schwächliche Eichen einzuschreiten.

Das Ideal ist jene Ordnung, wie sie auch in den teppichbestückten Autos der Besucher herrscht. Entsprechend der überwiegende Teil der Kundschaft: Er hält die "Volkstümliche Hitparade" für Kultur, Kurpromenaden für ein Ereignis, Kurhäuser und Herrenhandtaschen für hip und einen "Matjesteller Maritim" oder den "Holsteiner Katenschinken" für unverwechselbare kulinarische Spezialitäten.

Thomas Mann und der Fallada sollen hier einst durch den Blick aufs Meer zu Einfällen gekommen sein. Wer heute nach Travemünde kommt, dem fällt nichts mehr ein und fühlt sich wohl in Hotels, die "Deutscher Kaiser" oder "Sonnenklause" heißen. Abends dann Highlife im "Tanzlokal Seestern".

Doch es gibt auch Ausnahmen. Bernhard zum Beispiel, der mit seiner Freundin aus Graz angereist ist. Beide haben beschlossen, für immer an den Ostseestrand zu ziehen, zumindest aber für diesen Sommer oder bis zum Ende dieses Urlaubs. Seit Tagen lebt das Paar von Wasser, Luft und Liebe.

Sie haben's zwischen Surfbrett und Luftmatratze gern, wenn die See auch mal grau und stürmisch ist, um dann stundenlange Gedankengänge zu vollziehen, immer im knöcheltiefen Wasser den Strand entlang. Stundenlang den Brechern zusehen, wie sie sich unermüdlich in mattem Grünblau auftürmen, um dann immer und immer wieder unter ihrer weißen Schaumkrone zusammenzufallen. Dumm ist nur, dass ihnen niemand im örtlichen Sportgeschäft erzählt hat, dass die gerade dort zum Wucherpreis erstandene Wind-Schnecke auf dem Strand verboten ist, weswegen die Österreicher diese auf der Stelle wieder einpacken mussten, kaum dass sie das Teil für sich auf "Strandabschnitt vier" installiert hatten.

"Hier noch jemand ohne Strandkarten?!..." Was noch fehlen würde: "Ich zähle bis drei..."

Ein ähnlich rüder Ton herrscht gleich nebenan am Timmendorfer Strand, dem acht Kilometer langen Paradestrand der schleswig-holsteinischen Ostseeküste. Dabei ist der Tonfall für deutsche Verhältnisse insgesamt eher gemäßigt. Wer an der Waterkant in den Laden geht, wird nicht gleich wie bei den Bayern oder Schwaben mit einem frostigen "Was wollen Sie!" verjagt, sondern schlimmstenfalls auch am späten Nachmittag mit einem landläufigen "Moin, moin" verwirrt.

Für Ryan, seines Zeichens Ire, ist diese Redensart kaum nachvollziehbar. Erst recht nicht, wenn man sein "Danke" statt mit einem "Bitte schön", mit einem rätselhaften "Da nicht für!" begegnet. Dabei gibt er sich redlich Mühe, denn mit Englisch braucht er hier gar nicht erst zu kommen, auch und schon gar nicht in Timmendorf. Dass Gäste aus dem Ausland hier den Urlaub verbringen könnten, damit wird offensichtlich nicht gerechnet. Zweisprachige Speisekarten? Fehlanzeige.

Im Grunde ein Jammer, denn die Auswahl allein an Matjes (Matjes mit Kartoffeln, Matjes mit Gemüse, Matjes mit Brot oder Matjes ohne Brot) ist schier unendlich. Dasselbe gilt für Aal (Aal mit Kartoffeln, Aal mit Gemüse, und so weiter). Ryan verstand allerdings auch ohne Wörterbuch, dass in der "Fischkiste" die Krabben für den "Büsumer Krabbencocktail", die "Büsumer Krabbensuppe" oder den "Büsumer Krabbenteller" aus Büsum kommen müssten. Er hat dann auf der Straßenkarte nachgesehen und verblüfft festgestellt: Büsum liegt an der Nordsee. Ist an der Ostsee etwas faul? Jedenfalls ist er jetzt auf Fleisch umgestiegen.

Einmal ist er mitsamt Ehefrau eingestiegen - in eines dieser Ausflugsboote, die kurz an der "Seeschlösschenbrücke", einem langen Holzpier, der von der Strandpromenade übers Wasser führt, festmachen, um dann wieder "in See zu stechen". Zwei Stunden Geschaukel und Geschunkel zwischen Heringshappen und Kaffeegedecken und zwei Busladungen bestens gelaunter Pensionäre aus Hamburg. Deutsches Volksliedgut. Ryan nebst Gattin, sonst eher Frohnaturen, sind, wie er's schildert, kreidebleich vor Begeisterung von Bord gegangen.

Ähnlich euphorisch blicken mitunter Neuankömmlinge drein, die sich unter ihrer Buchung im "Hotel Seeschlösschen" an der Strandallee etwas anderes vorgestellt haben, als einen eckigen Silo, der aus weißen Lego-Bausteinen gebaut sein könnte. Dabei lässt die örtliche Tourismusindustrie nichts unversucht, um die Bausünden der sechziger und siebziger Jahre zu bekämpfen. Leider ausschließlich mit biederem Schick.

"Country Inn" - Können sich auch ausländische Gäste hier wohlfühlen? "Im Grunde schon", meint Claudette aus Metz. Denn auch sie kann nur bestätigen: Die Lage gerade dieses Strandes ist herrlich. In Scharbeutz ist der Sand auch noch "quarzfein". Morgens die Sonne am östlichen Horizont, das Meer hier im Gegensatz zu manch südlichem Gewässer noch eine echte Abkühlung, und man muss keinen Tidekalender beachten, wie an den zweihundert Kilometer westlich gelegenen Badeorten der Nordsee.

"Man muss eben ein paar Dinge übersehen", meint die 34-jährige Rechtsanwältin und passionierte Surferin. Zum Beispiel die regionale Küche, die im Vergleich zu anderen außer Fisch eher wenig zu bieten hat, es sei denn, man hat ein Faible für Ungewohntes wie gesüßte grüne Salate. Und wenn wieder einmal ein Strandwärter kommt und nach einer Strandkarte verlangt, dann muss man dies eben als norddeutsche Folklore nehmen.

Wer dies und anderes übersehen und überhören kann, der steht sozusagen mitten im Katalog.

(2001)

Der siebte Kleine Feigling

Wenn keiner mehr da ist, oder es noch nie jemanden gegeben hat, wenn die ohnmächtige Verzweiflung zu einem Schrei der Stille geworden ist, dann ist zumindest die Telefonseelsorge ganz Ohr. Jeden Tag, rund um die Uhr.

Er ist Ende dreißig, von Beruf „gelernter Sozialarbeiter für die deutsche Großstadt", insofern seit Jahren gewohnt, dienstlich Beistand im Notstand zu leisten. Seit fünf Jahren hat Torsten* eine gesonderte Beratungsqualifikation. Er gehört zu jenen, die unter der Rufnummer 11101 oder 11102 zu erreichen sind. Rund um die Uhr, tagtäglich, bundesweit. Torsten ist Telefonseelsorger. Ein irreführender Name zuweilen; es kommt vor, dass er als erstes gefragt wird, ob er etwa Geistlicher sei. „Als gelte es, am Abgrund stehend, sicher zu gehen, dass einem da keiner noch mit dem Heiland kommt", sagt er.

In Ostdeutschland nennt sich die Einrichtung heute noch wie zu DDR-Zeiten *Telefon des Vertrauens*. Erfüllen tun beide denselben Zweck: Ein Ohr für jeden. Jederzeit. Kostenlos und ohne Zeitbegrenzung. „Heißt: Es kommt einfach alles irgendwann mal zur Sprache, was man sich nur vorstellen kann: Die fehlende Arbeit. Ein Arsch als Mann. Die Furcht vorm Aids-Test. Der siebte kleine Feigling. Impotenz oder die Angst davor. Kindestod. Kindesmissbrauch. Ein gesperrtes Konto. Vier Jahre Sprachlosigkeit. Und so weiter und so fort."

Abends hebt Torsten nicht anders ab, als sonst. Nur rechnet er jetzt stärker mit dem Schlimmsten. Genauso wie feiertags. „Oder über Weihnachten", sagt er. „Der große Zapfenstreich der Freude ist die Hölle für denjenigen, der keinen hat." Der Telefonseelsorger als letzter Anker, den sich der eine oder andere derer, die den Freitod als Ausweg für eine als aussichtslos empfundene Situation in Betracht gezogen haben, noch ausgeworfen hat.

„Ein Lebensmüder am Telefon hängt noch am eigenen Leben, sonst würde er nicht anrufen." Die Aufgabe des Telefonseelsorgers besteht darin, diese Ambivalenz zwischen Leben und Tod zu verdeutlichen und zu verstärken, um die Alternativen als Alternativen kenntlich zu machen. Aktives, unbegrenztes Zuhören, das oft mit einer Eltern-Kind ähnelnden Kommunikationsstruktur einhergeht, gilt als wichtigste Voraussetzung für einen Erfolg: Angst zeigen ohne Angst vor den Worten und Absichten des anderen zu haben, den Suizid als menschliches Recht hinnehmen, ohne die Hoffnungslosigkeit des Betreffenden zu bejahen. Ein Drahtseilakt, natürlich, und manchmal weiß Torsten es selbst nicht: „Bin ich Opfer oder Täter, Zuhörer oder Mittelsmann, Messias oder Beelzebub?" sagt er.

Manchmal helfen Absprachen, Deals. Ein Termin bei der Schuldnerberatung und danach nochmal melden, bevor die Pläne des Anrufers vorsehen, sich wegen Überschuldung zu erhängen, zu vergiften, oder eine Kugel durch den Kopf zu jagen. Die Aussicht, dass der Suizidale es dann doch lässt, ist unter den fernmündlichen Helfern, die allein auf die Macht ihrer Worte angewiesen sind, Erfahrung.

Ganz am Anfang hat er einmal auf einen Rückruf gewartet, tagelang. Eine Frau aus Ostdeutschland. Sie hatte versprochen, Torsten anzurufen, nachdem sie sich noch mal mit dem westdeutschen Alteigentümer, der ihr in mühseliger Improvisation und Kleinarbeit über DDR-Jahrzehnte intakt gehaltenes Haus für sich beanspruchte, in Verbindung setzen wollte. Und mit den Behörden, dem juristischen Beistand. Bevor sie ins Wasser gehe.

Torsten wartete und wurde halb verrückt. Von der alleinstehenden Mutter eines schwerstbehinderten Sohnes hat er dann nie mehr etwas gehört. Es gab keinen Namen, nicht einmal einen Vornamen, geschweige denn einen Wohnort. Heute wartet er nicht mehr, jedenfalls nicht mehr so desperat wie einst.

„Wenn dieser Mensch sich wieder meldet, freue ich mich wie ein Kind über Geschenke", sagt er. „Meldet er sich nicht, gibt es zwei Möglichkeiten. Aber die gab es auch vorher schon."

Es bleibt ein Versuch. Ein Versuch, der es in jedem Fall wert war. Dort, wo auch Torsten zur Stelle ist, gehen täglich bis zu vierzig Anrufe ein. Das sind weit über tausend verzweifelte Aufschreie im Monat, zwei von drei stammen von Frauen.

„Die reine Telefonzeit beträgt etwa siebzehn, achtzehn Stunden am Tag", weiß Torsten. „Von der Handvoll hauptamtlicher Mitarbeiter ist das nicht zu bewältigen, weder personell noch psychisch." Daher besteht das Gros der deutschen Telefonseelsorger aus freien Mitarbeitern, ein volles Jahr lang umfassend mit Selbsterfahrung konfrontiert, mit fachlicher Information aus den Bereichen Psychologie und

Krankheitslehre versorgt, in Gesprächsführung am Telefon geschult.

Und trotzdem: Viele der Telefonseelsorger springen bald wieder ab. Die Angst vor der emotionalen Abstumpfung oder die Furcht, sich irgendwann dauerhaft in einen Zyniker zu verwandeln, ist groß - trotz vierzehntägiger Supervision und regelmäßigen Fortbildungsveranstaltungen innerhalb der verschiedenen Träger.

Statistiken besagen, dass Gerichtsmediziner überdurchschnittlich häufig aus der Kirche austreten. Und auch Telefonseelsorger Torsten, kleinbürgerlicher Herkunft, christlich geprägt, hat in sich keinen rechten Glauben mehr an einen Gott ausmachen können.

Einen Tag vor Neujahr rief letztes Jahr bei Torsten ein an Leukämie erkranktes Mädchen an. Die 13-Jährige nannte ihren Namen und die Station der Klinik, in der sie lag. Sie berichtete von den Schmerzen, von der Übelkeit, der allgemeinen Schwäche und der Traurigkeit, dass ihre Mutter selbst am Sylvesterabend, an dem in Deutschland die Sektkorken knallen, zur Schicht musste und sie allein bleibe. Mit sich und ihrer fortgeschrittenen, tödlichen Krankheit.

Torsten gab sein Wort, sie gleich am anderen Tag zu besuchen und mit ihr den Jahreswechsel zu begehen. Er hielt sein Versprechen und kam. Das Mädchen war noch in der Nacht zuvor verstorben. „Abends stand ich dann auf der Straße; irgend jemand schwafelte etwas von wegen: *möge uns Gott auch im kommenden Jahr zum Glück führen*", erinnert sich Torsten.

Sein Trost. Sein Job macht wenigstens einen Sinn. Und er ist es eben gewohnt, Beistand im Notstand zu leisten.

*Name geändert.

(1997)

Man bräuchte einen Mord

Die Reise mit den renommierten Kanalschiffen hat etwas von einem maritimen Orient-Express. Ein gewisses Alter müssen auch Reisende mitbringen, um sich an Bord der schwedischen Nostalgiedampfer heimisch zu fühlen. Eine Chronik.

Erster Tag

Morgens am Norra Riddarholmskajen, Ausblick auf Kungsholmen und das Stadshus im Stil der National-Romantik. Blauer Himmel, die Reflexionen des Riddarfjärden im Sonnenschein, Stockholm also wie in der Reklame.

Und doch kommt man sich schon wieder vor wie im tiefsten Deutschland: Seit kurz nach sechs, so versichert mir ein Gewährsmann, wird hier angestanden zwischen Koffern, gepackt wie zur Emigration, obwohl das Boarding frühestens ab acht Uhr zugelassen wird und die Abfahrt erst um neun Uhr ist. Einer, Rheinländer auf den ersten Blick, sagt: EIGENTLICH IST STOCKHOLM JA URDEUTSCH!

Die wohlwollenden Gesichter ringsum, als im Speisesaal der *Wilhelm Tham* zwischen Mahagoni-Fensterrahmen noch letzte unsichtbare Schlieren beseitigt werden, und an Deck mit Schaufel und Besen hantiert wird: Stuttgarter Ordnung also auch hierzulande.

HINTEN ANSTELLEN! - Nein, das ist nicht *direkt* gesagt worden, als sich ein Einheimischer zu dicht an

Bullaugen und Reling traut. Jedenfalls nicht expressis verbis. Der missbilligende Blick auf die Uhr jedes Mal, wenn dann doch noch ein Taxi kommt und weitere Gäste bringt. Auch das noch! Ein Maschinist mit Zopf.

Später erfolgt der Einstieg per namentlichem Aufruf. Eigentlich wird eher geentert. Bis dahin steht man wie zum Appell. Vier Tage *historische Fahrt auf dem Göta Kanal*.

Vier Tage!

Die Reisegesellschaft besteht vor allem aus Mitgliedern, die das Baujahr der *Wilhelm Tham* im Jahre 1912 selbst erlebt haben müssen, zu Zeiten des Stapellaufes mindestens schon unterwegs waren oder sich wenigstens die Erzeuger schon gekannt haben.

Es gibt wenige Ausnahmen: ein Zwillingspaar, augenscheinlich nur als rechts und links wie beim Abführen einhakendes Betreuungskommando für die Großmutter mit an Bord. Zwei aus der Reisebranche, sie sind, wie sich später herausstellt, nur mit dabei, weil's so gut wie kostenlos war. Eine Köchin und eine Kindergärtnerin aus Zürich, jung. Sie haben sich bei einem Sprechkurs kennengelernt.

Wir stellen uns nicht vor, wissen es aber irgendwann: David und Ellen aus San Diego, auf Europareise. Er, Fernmeldetechniker, wird immer wieder auf die illegalen Einwanderer aus Mexiko zu sprechen kommen, die gekommen sind, um das soziale Netz zu sprengen. Während er den *schwedischen Sozialismus*, der trotzdem ein Königshaus zulässt, AMAZING findet.

Herr und Frau L. aus Berlin, er pensionierter Kaufhausdirektor, sie Reiseverkehrsfrau und deshalb wichtig an Bord. Ein Pädagogenehepaar aus Zürich, eine Unternehmerin aus Flensburg. Eine Witwe aus Saarbrücken. Eine ängstliche Gunilla in Begleitung ihrer wachsamen Mutter, so dass ich immer wieder an Ingmar Bergman und *Das Schweigen* denken werde. Und so weiter und sofort.

Die Schiffsglocke zum Ablegen. Und als gelte es, den Anspruch der Reederei, eine *historische Reise* anzubieten, stante pede Lügen zu strafen, wird auf der Backbordseite sofort zum Handy gegriffen und die übrige Welt in Kenntnis gesetzt: HIER IST ES SCHÖN. IST ES BEI EUCH AUCH SCHÖN? DAS IST ABER SCHÖN. Ein anderer: UND VERGISS NICHT, NACH DEM AUSPUFF ZU SEHEN. (Als kehre man erst nach Monaten zurück.)

Später springt die halbe Besatzung über Bord, der Kapitän voran. Doch ich habe mich getäuscht: keine Havarie. An Land wird familiär gewunken, eine Rutsche, die über Granitfels ins Wasser führt, ist auch vorhanden, wir sind nur beigedreht, wie kurz zuvor schon bei Schloss Drottningholm: also Bestandteil des Programms. In der Schleuse bei Södertälje wird der ersten schlecht.

Nachmittags in Trosa. Carl von Linné hat den Ort zum "Ende der Welt" erkoren. Trotzdem ist ein Aufenthalt von vier Stunden angesetzt, und es bleiben nur zwei an Bord: Die, die mit dem Magen kämpft, und die Frau des Pädagogen.

Im *Stadshotell* ist angerichtet worden, denn die Bordküche von internationalem Ruf hat gleich am ersten Abend frei, und so sitzen 46 Reisende im großen Festsaal wie bei einer Hochzeit, und ich weiß nicht, was reden mit meinen Tischnachbarn, der schüchternen Gunilla (und ihrer Mutter), der pensionierten Schulbibliothekarin aus Toronto und Kjell-Åke, der die Reise schon fünfmal gemacht hat und diesmal seinen 75.ten begeht.

Bei irgendjemandem piepst schon wieder ein Handy.

Abends. Rechter Hand zu sehen: Das malerisch gelegene Kernforschungszentrum Studsvik, und ich weiß endlich, was mit dem *historischen Dampfboot* nicht stimmt: der Diesel (Scania Vabis). Ich habe Kopfschmerzen.

Um zehn Uhr verabschiede ich mich, ein bisschen Schlaf wird alles verändern, und ich will ja früh raus am anderen Morgen, um dabei zu sein, wenn *Wilhelm Tham* gegen vier Uhr die erste Schleuse des Göta-Kanals erreicht. Dass meine Kabine direkt neben dem lärmenden 460-Pferdestärken-Aggregat liegt, erscheint mir nicht direkt als überraschend. Dumm ist nur, dass mir morgens nicht auffiel, was das bedeutet.

Zweiter Tag

Um zwei Uhr dreißig bin ich den Tränen nahe und erwäge den Ausstieg bei nächster Gelegenheit. Um Viertel vor vier klingelt mein Wecker. Kein Diesellärm, und man könnte endlich schlafen. Doch jetzt gilt's! Dabei ist draußen an Deck nicht mehr zu besichtigen als eine dämmrige Landschaft im Nieselregen. Drei Häuser, in denen nichts schaukelt oder knarrt, drei Segelboote vor Bojen. Einige legen sich wieder hin.

Sören, der Kapitän, er ist die ganze Nacht am Steuer gewesen und nun müde und entnervt. Der Rheinländer kann kein Schwedisch und stellt trotzdem seine Fragen zur Technik. ACH SO, SIE VERSTEHEN WIEDER KEIN DEUTSCH, sagt er. Dann dieses typische Englisch, das kein Mensch versteht. Gestern beim Einsteigen gab's ein *Heft zur Reise*. Einige blättern jetzt nach mit versteinerter Miene. Denn die Einfahrt in Mem wurde als einer der Höhepunkte angekündigt.

Nach dem Frühstück finden sich nach und nach immer mehr Reisende auf dem Deck ein, um sich auf den Plastikstühlen in warme Decken einzumümmeln, die Tasse in der Hand wie in einem Sanatorium, während alles schwankt. Die Kellner servieren Getränke.

Beim ersten Mal ist das Manöver durchaus reizvoll anzusehen: Wie sich hinter dem Heck die Tore schließen und unter allgemeinem Gegluckse und Gegurgel der Wasserpegel steigt oder fällt, während Anna-Lena, die Matrosin, und Maschinist Janne das Schiff wie ein Tier an der Leine halten; der wachsame Blick des Steuermanns auf der Brücke dabei, die eine Hand am Ruder, die andere um einen Kaffeebecher. Jede Ausfahrt aus der Schleuse wie eine Befreiung. Die Wiederholung dann unmittelbar oder erst nach ein paar Kilometern. Irgendwann wird's einem aber langweilig. Im Heft wird deshalb vorgeschlagen, währenddessen einen Spaziergang zu machen. Aber das könnte man auch zu Hause.

Vorbei an Söderköping: Die Kirche St. Laurentii, benannt nach St. Lars, der der Legende zufolge im Jahr 258 als Märtyrer seinen Kopf hat rollen lassen sehen müssen. Ein Brunnen, eine Quelle. Und auch die Schleusen tragen Namen, wie zum Mitschreiben. Eigentlich wartet man darauf, dass etwas passiert. Aber es kommen bloß immer wieder Schleusen. Ab und zu piepst wieder ein Handy. Der gelangweilte Blick der Schleusenwärterin, während sie wortlos die elektrische Steuerung betätigt.

Übrigens gibt es auch eine Reiseleiterin. Sie heißt Annika und lädt zu festen Terminen in den Gesellschaftsraum ein, die Journalisten entfernt an Pressekonferenzen erinnern. Verkündet werden die kommenden Sehenswürdigkeiten wie die kürzeste Fährverbindung der Welt, die von einem Ufer des sieben Meter breiten Kanals zum anderen führt. Oder eine weitere Kirche. Allerdings stellt niemand Fragen. Viele aus der deutschen Gruppe ärgert vielmehr, dass sie nicht die ersten sind, die in Kenntnis gesetzt werden, sondern erst nach den Schweden drankommen. Danach kommt der Rest der Welt, der Englisch kann.

Die Mahlzeiten werden wie im Altenheim mit einem Gong angekündigt. Gegessen wird in zwei Sitzungen, denn der Speisesaal hat nur acht Tische. Und jeweils nur ein Tisch kann sich am Büfett bedienen. Im Grunde geht es jedes Mal schön der Reihe nach, nur der Tisch mit dem Pädagogenpaar und den Sprechschülern aus Zürich kommt aus unerfindlichen Gründen immer als letzter dran. Aber so haben sie ein gemeinsames Thema. Hingegen gibt es Tische, an denen vier Tage lang kein Wort gewechselt wird.

Die Erläuterung von Annika für alle Ausländer, in welcher Reihenfolge das Smörgåsbord einzunehmen ist - kalter Fisch, dann warmer Fisch, kaltes Fleisch, dann warmes Fleisch, später Dessert, und für jedes Mahl ein neuer Teller - hat nichts genützt. George aus Brighton nimmt gleich alles, denn er sei kein

Stehaufmännchen. Außerdem die Gicht. Die Witwe aus Saarbrücken mag weder Fisch noch Fleisch und lebt deshalb tagelang von Vorsuppe und Nachtisch. Die beiden jungen Reisebüroleute schaufeln sich hingegen so ungeniert die Krabben zusammen, dass schließlich von Nachbartischen lauthals protestiert wird.

Eine fehlt seit Södertälje und taucht auch nicht mehr auf. Sie ist ist jetzt nämlich ernsthaft seekrank und verlangt sporadisch nach einer Bouillon, die ihr dann der traurige Mann bringt. Erst nach und nach sickert durch: Es ist auch noch die Hochzeitsreise. Dann wieder das Warten an Deck, bis die nächste Schleusung vorüber ist. Währenddessen servieren die beiden zuvorkommenden Kellner weiter Getränke an Deck. Und ab und zu piepst wieder ein Handy.

Dritter Tag

Als ich am Abend zuvor zu Bett gehe, liegen wir in Motala, und es ist nun so ruhig an Bord, dass man nicht schlafen kann, weil jetzt das Schnarchen von nebenan, das in der Nacht zuvor unter dem Motorenlärm unterging, zu ertragen ist. Dann träume ich von einer Fahrt im Laster über endlose Schotterpisten. Als ich aufwache, wähne ich mich noch im Führerhaus, denn der Lärm des Diesel ist geblieben. Um sechs Uhr werden wir, so ist gestern spät in geradewegs konspirativer Atmosphäre zu erfahren gewesen, schon am Westufer des Vättern erwartet.

Und Annika hat nicht übertrieben, denn ich sehe sie schon von weitem, Blumensträuße in den Händen. Aus der Ferne betrachtet, könnten es auch besonders raffinierte Vogelscheuchen sein, die fröhlich zu winken vermögen. Irgendwann hört man die erste Strophen: christliche Lieder von Glück und Liebe auf der Welt, einer spielt dazu Gitarre. Auch Sören erhält Blumen, als wir in die Schleuse fahren. EINE ÖRTLICHE PURITANER-VEREINIGUNG, sagt er. ABER DAS GEHÖRT ZU JEDER BOOTSFAHRT. Ich friere vor Begeisterung.

Gelegentlich beschleicht mich das Gefühl, Teil eines gespielten Romans zu sein. Irgendwie kommt man sich vor wie in einer niedlichen Version vom Orient-Express. Man bräuchte einen Mord und hat ihn nicht. Dabei zeigt Annika klar und deutlich, wo sie gelegen hat, die hübsche Roseanna, die erst als mysteriöse Tote bei den berühmten sieben Schleusentreppen des Örtchens Berg aus dem See Roxen gezogen und später als amerikanische Touristin und Göta-Kanal-Passagierin identifiziert worden ist. Ermordet übrigens von einem Mitpassagier, einem Sexualverbrecher. Aber das kommt nur in Maj Sjöwall und Per Wahlöös Krimi vor. Und so wartet man weiter, dass etwas geschieht. Vergeblich. Weitere Schleusen. Dazwischen: Wiesen, Felder, Strohballen. Einmal die Brücke einer Autobahn. Und die Kellner servieren ihre Getränke. LOVELY, IT'S LIKE SAILING IN A GARDEN, findet David, der Mann, der immer wieder feststellt, nichts dafür zu können, dass es auch Wirtschaftsflüchtlinge gibt in dieser Welt.

Die deutsche Reiseverkehrsfrau ist immer schwer beschäftigt. Mir ist nicht ganz klar, woher sie den Stoff nimmt, an dem sie schreibt von früh bis spät. Dazwischen führt sie wichtige Telefonate. Ihr Mann, der ehemalige Kaufhausdirektor, spielt währenddessen Schach gegen sich selbst. Anderswo wird mittags offener Ehestreit geboten. Die Ehefrau des Pädagogen weigert sich zweimal und ausdrücklich aufzustehen, um die festen Schuhe für ihn an Deck zu holen. WARUM DENN NICHT! Worauf für den Rest des Tages laut geschwiegen wird. Abends unterhalte ich mich lange mit ihm über das schwedische Bildungssystem, wozu er viele Fragen hat.

Wir haben Glück mit dem Wetter. Was macht man bei Regen? Ganz unten im Heck befindet sich eine Couchgarnitur, Und ein kleiner Fernseher. Schwarzweiß. Im Gesellschaftsraum wäre eine kleine Bücherei vorrätig. Ferner: Schiffskarten, die Tagespresse aktuell. Wer kein Schwedisch versteht, kann den Inhalt der Texte vielleicht erraten. Das braucht Zeit. Ein Bild von Silvia und Carl Gustav hängt unter Glas.

Was hier drinnen noch fehlen würde, wären Ohrensessel oder ein Papagei. Aber das hat man schon gelesen, irgendwo. Am letzten Abend, auf dem offenen Meer des Vänern, fallen die unteren Gemeinschaftstoiletten aus. Die Flensburger Unternehmerin bekundet immer wieder, wie peinlich es ihr sei. Der Steuermann, als Mädchen für alles, muss ran. Er wird erst morgens fertig. Bis spät in den Abend servieren die Kellner ihre Getränke. Wie man jetzt einem dringenden Verlangen nachgehen kann, macht Anna-Lena, die Matrosin vor, indem sie sich auf die Reling hockt.

Vierter Tag

In aller Herrgottsfrühe wird bei Trollhättan zum garantiert vorletzten Mal geschleust. Es sind die letzten Stunden an Bord, und zum letzten Frühstück werden vom Personal kleine weiße Zettelchen verteilt. Auf ihnen steht vermerkt, was jetzt die Getränke kosten, von denen viele meinten, sie seien eine nette Geste oder Teil der Vollpension an Bord, die ja immerhin bis zu zweitausend Mark kosten kann - ohne An- und Rückreise. Da kommen mitunter sagenhafte Summen zusammen. Ich habe weder den Chablis zu fünfzig Mark die Flasche genommen, geschweige denn Champagner. Trotzdem sind bei mir sechshundert Kronen zur Zahlung angegeben. Andere staunen sprachlos. Jetzt werden keine Getränke mehr serviert.

Die Seekranke ist auferstanden und hält sich tapfer und kreidebleich an der Reling fest. Die letzten Anrufe über Mobiltelefon. Ankunft in Göteborg am Packhuskajen um zehn Uhr. Manchen pressiert's schon wieder. In etwa zwei Stunden müssen viele die nächstbeste Maschine besteigen.

Wir gehen von Bord.

(1995)

Sie weiß es nicht

Nach dem Ende des Vietnam-Krieges 1975 flohen 1,6 Millionen Vietnamesen vor den Verhältnissen in der Heimat. Viele der Boatpeople, die oft wochenlang in völlig überladenen Booten im Südchinesischen Meer vor sich hintrieben, überlebten die Flucht nicht. Später kehrten einige von ihnen nach Vietnam zurück. Der Versuch eines Berichtes.

Die tosende Brandung wie überall.

Das Meer allerdings zu trübe für Werbeprospekte, gräulich-bläulich mit ein bisschen grün, gelblich die Schaumkronen an den Brechern. Ein schweres Donnern, das der Sand auf die nackten Füße überträgt, dann ein Brodeln, das sich in einem grellen Zischen verliert. Der Sand vom Strand: naturbelassen. Eine Handvoll Touristen, die sich hierher verirrt haben, lohnen noch nicht, um das Gewirr aus modernden Algen wegzupflügen oder zu vergraben, damit hier Platz für entblößte Oberweiten geschaffen werden kann. Westlicher Wohlstandsmüll (Carlsberg), halb von Schlammwellen zugedeckt, an Land gespült von irgendwo. Die Luft: Dunstig aufgrund der bleiernen Hitze. In der Ferne draußen dennoch zu sehen: Ein Frachter mit seinem schwarzen Bauch und dem roten Rand über der Wasserlinie, dem weißen Aufbau, dem grünen Schornstein und den gelben Kränen. Er bleibt lange sichtbar. Südwestkurs, vielleicht auf Thailand, vielleicht nach Malaysia oder Singapur. Jedenfalls weg von hier.

Ausblick: Ein Kind versucht immer wieder, seinen selbstgebastelten Drachen steigen zu lassen, aber der kleine papierene Schmetterling stürzt immer wieder ab. Ganze Sippen, die die Bucht in Gruppen bevölkern, Reisschalen in den Händen. Verfallene Bambushütten in der Nähe, diese tropische Geruchsnote, süßlicher Gestank von Aas, die gleichzeitig an Zeugung und Verwesung denken lässt. Bunte Fähnlein, Asienklischees gleich dutzendweise, Strohhüte, dampfende Töpfe mit Gegartem. Irgendwo krächzt ein Kassettenrekorder vietnamesische Folklore, zwischen den Menschen scheißt ein verwahrloster Hund. Rach Gia, 120.000 Einwohner, Hauptstadt der Provinz Kien Giang. Westküste.

Von hier aus immer geradeaus über den Golf von Thailand lag das, wo man in Vietnam die Freiheit vermutete. Der Hafen: Heißes Küchenwasser, das aus einer Schiffswand sprudelt, von irgendwoher hallen Niethämmer. Schmutztiefe zwischen Betonwänden und Wellblechdächern, aus der Reste eines versunkenen Schiffes drohen. Fischfang und Landwirtschaft. Man hofft auf den Tourismus, seit Jahren schon. Viele Chinesen und Khmer unter den Einwohnern, staubige Sandstraßen, hier und dort betoniert. Zur kambodschanischen Grenze im Nordwesten sind es etwa hundert Kilometer. Treffpunkt Shell-Tankstelle, eine Straße in Hafennähe: Ein hoher, dünner Baum, ein Kabuff, in dem Mopeds repariert werden können, mehr Fußgänger und Radfahrer als Fahrzeuge auch hier, eine uralte gelbe Zapfsäule.

OTHERWISE YOU WOULDN'T FIND ME, ALL VIETNAMESE PEOPLE LOOK THE SAME, ESPECIALLY ON THE BEACH, hatte Vu gallig gemeint.

Was nichts dran ändert: Ich darf nur ihren Vornamen nennen, Fotos, Porträts, wie ich mir das vorgestellt habe, kommen überhaupt nicht in Frage. Strikter Wille, deklamiert mit jenem sehr ernsten asiatischen Lächeln. NO WAY.

Warum nicht?

NO WAY.

Angst?

Angst wovor?

NO WAY und keine Antwort auf meine Frage. Das war in dem Straßencafé, wo ein Fernseher westlichen Fußball vom Video zeigte.

HERE, sagt Vu irgendwann und es ist, als könne uns trotz der tosenden Brandung noch jemand hören, IT'S HERE YOU CAN SEE WHERE WE STARTED...

Ihr Gesichtsausdruck, als drohe eine allgegenwärtige Gefahr aus dem Unterholz: ...FIFTEEN YEARS AGO. Dabei zeigt ihr Finger bloß ins nördliche Irgendwo.

Es war der 25. August 1984, ein Samstag, Vu war fünfzehn Jahre alt. Als sie nachmittags von einer Freundin nach Hause kam, erwarteten die ahnungslose junge Frau vollendete Tatsachen und eine weinende Mutter. Trotz aller Geheimhaltung kursierten immer wieder die Gerüchte: Wer es geschafft hatte, oder am Ende doch erwischt worden war, wen das Meer tot zurück an Land gespült hatte, oder wer für immer im Südchinesischen Meer verschollen blieb. Die Gegend um Rach Gia hatte schon seit Jahren einen einschlägigen Ruf. Es blieben für Vu, den zwei Jahre älteren Bruder und die zwei Jahre jüngere Schwester ein Film ohne Geruch und sonstiger Gegenwart, inszeniert von einer inkognito bleibenden Mitwelt, namen- und beziehungslos, wie es auch Zeitungspapier sein kann.

Bis jener Moment an diesem Samstagnachmittag im August vor fünfzehn Jahren die Welt in ein bleiernes Jetzt verwandelte, das ein vom Vater in monatelanger Konspiration arrangiert und mit allen Ersparnissen in Form von Goldschmuck bezahlt wurde. Unversehens pressierte es, keine Zeit für große Abschiede, der Vater insistierte auf Essen auf Vorrat, die Tränen der Mutter beim Kochen als bleibende Erinnerung.

Die 13-jährige Schwester weigerte sich mitzukommen. Tränen und Geschrei. Daraufhin die schon zurechtgelegte Erklärung des Vaters, wonach sich Vietnam mit Kambodscha im Krieg befände, womöglich sogar mit dem mächtigen China. Es pressierte, eine weitere Diskussion kam deshalb nicht in Frage, jetzt oder nie, Treffpunkt nächtlings an einem bestimmten Strandabschnitt.

Die Worte der Eltern, dass die Kinder am Ziel ihrer Reise eine bessere Zukunft erwarte, erschienen schnell wie penetrante Stoßgebete. Weniger als Orakel. Erst kürzlich war ein Onkel nach zwei Jahren aus dem Umerziehungslager entlassen worden, von Vietnamesen gemeinhin *Charm school* genannt. Ein gebrochener Mensch? Nein, das nicht. NOT EVEN BRAINWASHED. Als sei von einem Unfall um Haaresbreite die Rede. Nur verändert. Bei dieser Auskunft bleibt's.

Also Flucht. Noch am Morgen, nein - noch vor zwei Stunden hatte man in Unkenntnis der elterlichen Pläne gedacht, gefühlt, geredet, Verabredungen getroffen. Protest im Wissen, wie Vu es schildert: KNOWING THAT EVERYTHING HAD ALREADY BEEN SETTLED.

Abschied ohne Gepäck und Ahnung, dafür mit dem Verdacht, dass der Abschied vom Vater und der Mutter der letzte Abschied von den Eltern gewesen sein könnte.

Die Fahrt in einem Planwagen russischer Bauart, wie sie heute noch auf Vietnams Straßen lärmend, qualmend gängig sind: Dutzende Personen, auch kleine Kinder, zu einer für alle Fälle inszenierten Geburtstagsfeier in die Peripherie, Vu zeichnet in der Hocke mit dem Finger in den Sand: Hier war das Haus, dort der Strand, die Boote, zwei alte offene Fischerboote ohne Motor, die Szenerie als solche unglaublich: Auf Lichtzeichen hin, die von Taschenlampen abgegeben wurden, spazierten Menschen unversehens aus allen Himmelsrichtungen im Gänsemarsch auf die Brecher zu, in die die Boote hineinragten. Wer da alles zuerst hatte bestochen werden müssen, damit niemand offiziell Notiz nahm von mehr als achtzig Fliehenden, ist nie erzählt worden.

...

Dong Ho Restaurant. Gegenwart: Die Bedienung bringt warmes Bier der Marke *33* und zwei Gläser mit Eiswürfeln. Die Lektüre der Speisekarte erfordert Zeit, und es ist nicht die Sprache, die es schwer macht, sondern die nötigende Auswahl.

Schließlich entscheide ich: Krabben mit Knoblauchsoße.

SORRY, sagt die junge Frau und lächelt, NO SHRIMPS. Ich bin auch für Tintenfisch zu haben, getrocknet eine Spezialität der Gegend, wie es heißt. SORRY, sagt die Bedienung und lächelt. NO SQUID. Jetzt muss ich lachen und frage, was es denn gibt. FISH, sagt die Bedienung und lächelt. Die Lampen, die hin und wieder leicht im Wind tanzen, sind eigentlich hölzerne Vogelkäfige, die offenbar nicht mehr gebraucht werden.

...

Kein Kompass, dafür einige Stoffbeutel mit vorgekochtem Reis, Wasser in Flaschen, viel zu wenige für die Zahl der Menschen, die das morsche Holzboot schweigend bestiegen, der Hinweis, die aufgehende Sonne als Wegweiser im Rücken zu lassen, wenn es in ein paar Stunden wieder Tag werde.

Vu's Erinnerung an ein weinendes Kind, dem der Mund zugehalten wurde. An den Kampf um die erste Handbreit Wasser unter dem Kiel des völlig überladenen Bootes. An die ersten Schläge der vier Ruder gegen eine unruhige See, die das Gefährt und seine verzweifelte Besatzung zunächst immer wieder ins Seichte zurückspülte, später dann der bange Blick auf die sich nur langsam entfernende Küste, Kolonien von Lichtpunkten hinter tintenschwarzer Tiefe, die wohl niemanden in diese Welt zurückgeben würde, der in sie stürzte. Die Ausschau in alle Richtungen nach der Küstenwache, von der bekannt war, dass sie selten nachfragte, sondern lieber gleich scharf schoss und zuweilen mit voller Kraft auf Flüchtlingsboote zuhielt, um diese umzupflügen.

Erinnerung vor allem an die Ewigkeit, die bis in den Tag dauerte, bis endlich kein Land mehr in Sicht war. An das zweite Boot, das sich anfangs noch in Rufnähe befand, man zwischen beide Booten zunächst ein Seil verknotete, das sich aber schnell wieder löste.

Erst der Verlust der Verständigung. Dann tauchte das andere Boot in Wellentälern ab, entfernte sich immer weiter, bis man zwischen den sich auftürmenden Brechern jeglichen Blickkontakt verlor. Man hat die anderen nie wieder zu Gesicht bekommen, THEY VANISHED WITHOUT A TRACE...

Acht Tage -

am ersten kein anderes Schiff weit und breit. Dafür heftige Monsunschauer, die noch das Salz von den Körpern wuschen, während die ersten Seekranken in sich zusammenfielen. Vus fotografisches Gedächtnis an die lange Zeit der fehlenden Orientierung aufgrund des sonnenlosen Firmaments, grau von allen Seiten, Seevögel, die irgendwann in der Nähe des Bootes auftauchten, ließen die Befürchtung keimen, man treibe schlechterdings zurück in die verkehrte Richtung. Nachts zum ersten Mal Lichter eines fernen Schiffs, der klägliche Versuch, mit einer schwachen Taschenlampe auf sich aufmerksam zu machen. Das völlig überladene Boot als schwimmender Schlafsaal: Kinder zwischen Beinen in Pfützen, schnarchende Sitzende. Diejenigen, die nicht schwimmen konnten, klammerten sich im Schlaf am Nebenmann fest. Gemurmel der Rudernden, das regelmäßige Platschen eintauchenden Holzes.

...

Als Nachspeisen bieten sich viele Alternativen an, weiß Vu. Und ich blicke abermals auf die endlose Liste der Karte. Trotzdem frage ich lieber, was es gibt. Die Bedienung sieht mich an wie jemanden, der soeben durch Essen seinen Verstand verloren hat. Vu übersetzt grinsend: SHE SAYS YOU SHOULD ORDER FROM THE MENU.

Am dritten Tag war der Reis zu Ende. Der Versuch, die Trinkwasserreserven streng auf ein Minimum zu rationieren, scheiterte noch bevor er ausgesprochen wurde. Die See schien ihren Kampf gegen das hölzerne Gefährt aufgegeben zu haben, weswegen wiederum eine Gluthitze über den Golf hereinbrach. Einmal Land in Sicht, man hat es später auf der Karte nachzuvollziehen versucht, bis heute ist die Insel namenlos geblieben. Schiffe bis dahin allenfalls in der Ferne. Von Piraten hatten weder Vu noch die übrigen Leidensgenossen je etwas gehört. Ein Flugzeug, das am Himmel südwestwärts seine üblichen Streifen aus kondensierten Abgasen hinter sich ließ, als Bestätigung dafür, dass die Welt woanders weiterging.

Dann, am vierten Tag, unversehens doch ein erstes Schiff am nördlichen Horizont, das sich auf fast direktem Kurs zu nähern schien, zuerst als zeltähnliches Gebilde, das richtungslos im Ozean zu treiben, für lange Zeit wiederum sich überhaupt nicht zu bewegen schien, später deutlich erkennbar der Schaum am Bug, die gestapelten Container an Deck. Als schließlich das tiefe stumpfe Horn ertönte, das durch Mark und Bein geht, erst einmal lang, dann zweimal kurz, erschraken viele, um dann aber wie der Rest in euphorischen Jubel auszubrechen, die vier großen Ruder nun plötzlich als schwingende Masten, an deren Spitze die verdreckten Hemden der Männer flatterten.

Vu weiß noch, wie eines der Kinder verwundert das Leuchten der Bordscheinwerfer am helllichten Tag feststellte, Männer verstehend den abrupten Kurswechsel des Frachters bemerkten, annehmend, dass sich der Kapitän wegen der Windverhältnisse rasch entschieden habe, sich von Osten an das kleine Beiboot zu nähern, um mit der Schiffswand Windschutz zu bieten. Die Verblüffung, wie weiträumig nun doch das professionelle Wendemanöver ausfiele, denn das Schiff schien sich unaufhaltsam in südöstlicher Richtung fortzubewegen. Dann das lange Schweigen von 45 Menschen, die schließlich nur noch den sprudelnden Schleppen der Wellen nachsahen, die Männer mit ihren improvisierten Fahnen immer noch in den Händen. Die Tränen in Gesichtern, während nur noch das übliche Glucksen des Wasser unter dem Holzboot zu hören war. SOME WEEKS LATER I SAW THIS KIND OF FLAG AGAIN IN AN ATLAS: IT MUST HAVE BEEN AN INDONESIAN SHIP.

Wie viel Zeit verging, bis diesmal wieder nachts, ein weiteres Schiff in der Ferne zu sehen war, kann Vu nicht mehr sagen. Trinkwasserausgabe irgendwann nur noch an die Kinder. Ein erneuter Gewitterschauer brachte kurze Zeit später nicht nur Nachschub, sondern setzte das Boot so weit unter Wasser, dass nur die Kraft der Verzweiflung und der Todesangst die vollständige Versenkung verhinderte. Körperliche Schwerstarbeit, um nicht auf der Stelle verrückt zu werden vor Furcht, einer der Blitze, die wie aus dem Nichts für Sekundenbruchteile in der schäumenden See zuckten, könne sich als nächstes über dem krängenden Boot entladen und im Zeitraum eines Wimpernzuckens jegliches Leben auslöschen.

Noch bis in den kommenden Tag wurde mit den jämmerlichen Hilfsmitteln aus lecken Flaschen, tropfenden Säcken und zu Lumpen umfunktionierten

Kleidungsstücken Regenwasser, gelenzt. Dann sanken auch die letzten in sich zusammen, einen halben Tag trieb das Fluchtboot führerlos vor sich hin. Am fünften Tag, spätestens am sechsten, ausgehungert und wund, wären viele zur Umkehr bereit gewesen, wenn es denn eine Möglichkeit gegeben hätte.

...

Ich habe mich geirrt: Der Gestank an allen Ecken und Enden, der dem Besucher in Rach Gia entgegenschlägt, rührt nicht etwa von einem Mangel an sanitären Einrichtungen her, sondern von der berühmten Fischsauce, die man in Flaschen kaufen kann.

Vietnam im Frühjahr 1998: Allerorten Vorbereitungen für den Tag der Befreiung am 30. April, als Saigon vor dreiundzwanzig Jahren fiel.

Manchmal weiß Vu es selbst nicht mehr: Warum sie vor zwei Jahren zurückgekehrt ist. Offiziell heißt die Regierung alle Rückkehrer willkommen. Ihr Bruder, der heute Broker in New York ist und die kleine Schwester, die heute achtundzwanzig ist und bei Oslo lebt, rieten ab.

I DON'T KNOW, I GUESS I JUST LONGED BACK TO MY ROOTS. MAYBE IT'S JUST SILLY AND POINTLESS.

Ihr Amerikanisch hört sich zwischen Boston und Los Angeles nicht anders an. Es ist nicht Ihr Vietnamesisch, was man ihr hier vorwirft.

...

Irgendwann, an einem Nachmittag, war endlich wieder Land in Sicht, zuerst im Dunst gegen die Sonne, dann waren Palmen zu erkennen. Eine kleine Insel, scheinbar unbewohnt, besser als der endlos erscheinende Überlebenskampf auf See, der Versuch, sich dem Eiland zu nähern und wieder festen Boden unter den Füßen zu spüren, scheiterte jedoch wegen des Windes, der plötzlich drehte und das Boot, das inzwischen zur Schmutzhölle mutiert war, wieder östlich abtrieb. Ein Umstand, der zwei Männer fast zu der Kurzschlusshandlung trieb, ins Wasser zu springen und den aussichtslosen Versuch zu wagen, an Land zu schwimmen.

In welcher Ecke der Südsee man sich inzwischen befand, konnte niemand sagen. Immerhin wähnte man sich in der Nähe Thailands.

Stunden später fand man ein Netz, das sich offenkundig von einem Kutter gelöst haben musste. Wie lange es schon im offenen Wasser herumtrieb, war nicht zu sagen, ein Tunfisch hatte sich beim Versuch, die Beute aus kleinen Fischen von außen zu ernten, verheddert und hing nun leblos im Garn. Der Großteil des herrenlosen Fanges lebte. Roher Fisch nach drei Tagen Zwangsfasten mit der Folge, dass die Hälfte der sowieso schon Geschwächten kurz darauf mit dem Magen kämpfte.

Als sich am nächsten Morgen endgültig ein Schiff näherte, vermutete jemand ein Patrouillenboot der thailändischen Küstenwache. Zuerst das bange Abwarten, ob auch dieses Schiff wieder abdrehen würde, sobald die Besatzung die Ladung des Holzbootes mit Ferngläsern in Augenschein genommen hatte. Dann die gespannte Zufriedenheit, als sich diese Befürchtung nicht bestätigte und das Schiff mit hoher Geschwindigkeit immer näher kam.

Der Akt des Überfalls vollzog sich wiederum wie im Zeitraffer. Drei Männer sprangen in die erwartungsfrohe und dann entsetzte Gruppe, bewaffnet mit Pistolen und Äxten und verlangten auf Englisch nach Geld. Einige Männer der Flüchtlinge, die ihre Contenance behielten und nicht wie alle anderen vor Schrecken gelähmt waren, versuchten, die jungen Männer, denen man noch Augenblicke zuvor entgegengewunken hatte, zu besänftigen. Es ging alles sehr schnell: Als sie sich erhoben und mit ihren Armen den Weg versperren wollten, wurden sie, darunter ein Vater, auf der Stelle mit lauten Schüssen niedergestreckt, im nächsten Moment die blutüberströmten Leichen über Bord geworfen. Höhnisches Gelächter. Frauen und Kinder hielten sich gegenseitig fest und schrien, eine Kulisse LIKE IN A ROTTEN MOVIE, wie Vu es erzählt. Film: Wie die anderen mit Tränen in den Augen ihren flehenden Blicken begegneten, ohne eingreifen zu können.

Einige flehten, während der schwere Diesel des Motorschiffs dröhnte, aus dem heraus Männerarme das Holzboot, das zuvor so vielem getrotzt hatte, fest im Griff behielten, eine Meute grölenden Abschaums, die sich offenbar mit der Rolle des Publikums zu begnügen schien, während sich der Mob über Vu hermachte.

Film, wie der überstürzte Abschied in der Heimat: Ihre Panik im Wissen um das Fehlen jedweder Möglichkeit zur Flucht, Tausende Quadratkilometer Wasser um sie herum. Die Chancenlosigkeit, ihre Nacktheit vor den anderen zu verbergen, nachdem die zahnlosen und stinkenden Kerle ihr den Rest von dem, was mal Kleidung gewesen war, vom Leib gerissen hatten.

Film: Wie ihr Körper zitterte, während die Tropensonne abermals auf ihrer Haut brannte. Ihre Hoffnung auf eine unverhoffte Rettung im allerletzten Augenblick, ihr ungläubiges Staunen darüber, dass nie der Moment des Erwachens aus einem Alptraum eintrat und das tatsächlich alles passierte. Film, wie sich einige Mädchen und Frauen zu wehren versuchten. Film, wie sie daraufhin gebissen und geschlagen wurden, an einer Kehle die Spitze eines Dolches. Die meisten wandten sich ab, um den Opfern die weitere Scham durch Zuschauer zu ersparen.

Der Rest ist Ohnmacht.

...

Vu lebt heute wieder in dem Haus ihrer Eltern. Ihr Vater starb vor vier Jahren bei einem Verkehrsunfall. Jahrelang lebten die Eltern in Unkenntnis des Verbleibs ihrer Kinder. Es ist nicht die kommunistische Regierung und ihre Behörden, die das Leben für die Rückkehrer schwer machen. Zwei Nachbarn schneiden Vu und ihre Mutter. Das hat Einfluss auch auf andere. In der Bank, in der Vu seit einigen Monaten arbeitet, wird sie nach allen Regeln der Kunst gemobbt. Seit 1989, als zwischen der UN und der Regierung in Hanoi der *Comprehensive Plan of Action* ausgehandelt wurde, sind rund 110.000 Menschen, die einst flohen, in ihre Heimat zurückgekehrt. Fast die Weltpresse ist zu Gast gewesen, um unter Aufsicht linientreuer Dolmetscher die erfolgreiche Wiedereingliederung der Boatpeople zu vermelden.

...

Vu hat das kreisende Flugzeug über ihren Köpfen am Tag darauf nicht mitbekommen. Ein amerikanisches Kriegsschiff, das am Abend endlich zur Rettung eintraf, nahm sie nur fragmentarisch wahr. Als die 15-

Jährige Tage später wieder zu sich kam, lag sie in einem Flüchtlingslazarett in Singapur. Ihre erste Frage galt dem Verbleib ihrer Geschwister.

Die anderen hat Vu teilweise noch in den Flüchtlingslagern in Indonesien und Malaysia gesehen, dann aber aus den Augen verloren. Im Internet gibt es längst einschlägige Homepages.

...

Eine Bar in Strandnähe. Ein paar Traveller, Einheimische beim Bier. CNN berichtet *live from Jakarta*. Die Bilder von den Bootsflüchtlingen. Vu ist nicht die einzige im Raum, die ein Bein über das andere zu schlagen beginnt. Natürlich weiß Vu, dass sie Glück gehabt hat. Trotz allem. Viele der *Vietnamese Boatpeople* haben ihre Flucht nicht überlebt. Andere wurden von Piraten gefangengenommen und, wie zum Beispiel auf der thailändischen Insel Kho Khra, über Wochen und Monate als Arbeits- und Sexsklaven missbraucht. Ob sie für immer in Vietnam bleiben wird, sie weiß es nicht.

Draußen die tosende Brandung wie überall.

(1998)

Diego gibt Gas

Wer in der bevölkerungsmäßig größten Stadt der Welt in ein Käfer-Taxi steigt, muss besonderen Mut mitbringen oder noch nie etwas von den einschlägigen Warnungen gehört haben. Oder er macht sich selbst ein Bild.

Um es gleich zu sagen: Ich bin mehrmals davor gewarnt worden, mitzufahren, teilweise gar von mir selbst, aus Erfahrung. Keine Chance: Es widerfährt einem doch immer wieder, sozusagen buchstäblich und je öfter man am Ort ist: Mexiko-Stadt. Zur 20- bis-30-Millionen-Metropole (so genau weiß die Einwohnerzahl niemand) gehören die Käfer-Taxis wie die Gondeln zu Venedig oder die Doppeldecker zu London; man muss schlechterdings einfach einmal mitgefahren, um richtig dort gewesen zu sein.

Also: Fahrt vom Zócalo. Mein Einstieg wie immer auf den Rücksitz, denn einen Beifahrersitz gibt es nicht: Hier ist der Platz fürs Gepäck, soweit nicht unnett, sondern ziemlich praktisch. Vertrautheit: Der rote Wolf auf der Burg in der Mitte des Steuers. Zuletzt gesehen: Deutschland, Anfang der siebziger Jahre, authentisch auch alles Übrige: die Uhren, die Knöpfe, die Scheibenwischer, der Haltegriff über dem Handschuhfach. Déjà vu, Kindheitserinnerungen, auch der Boxer-Motor: Mami fährt den Volkswagen.

Aber nicht hier: Nennen wir ihn, den Fahrer, einfach Diego. Diego, der Mexikaner, schwarzhaarig, etwas bullig, Schnauzer, er fährt jetzt den VW. Hat er verstanden, wohin es gehen soll?

Mein Blick auf den amtlichen Ausweis, auf den man immer achten soll. Auch die Person auf dem Passbild hat einen Schnauzer. Aber sind sich die beiden überhaupt ähnlich? Der Taxameter: Kaum zu glauben, dass so etwas erlaubt ist - Spielzeug, das auch Ziffern zeigt: vier Pesos achtzig - Grundtarif für die grünen Käfer, für jene, die über einen Katalysator verfügen. Die gelben haben keinen und sind einen halben Peso billiger.

Sicherheitsgurt? Nie gesehen. Wir fahren. Besser: Wir stehen. Und der Boxer poltert. Nämlich: Am Krümmer muss ein Loch sein. Oder zwei. Versteht Diego, was ich schreie? Ein Junge will die Scheibe putzen. Diego verneint mit dem Finger. Pling: sieben Pesos dreißig. Diego gibt Gas. Dabei ist vor uns kein Verkehrsfluss auszumachen: Tanklaster, Volkswagen Jettas, Busse. Und noch mehr Käfer. Diego gibt Gas, weil er meint, der Motor brauche das ab und zu vor lauter Stehen: Vollgasprobe, bis die Ventile pfeifen. Es gibt immer wieder Fußgänger, die sich nach uns umdrehen. Wieder ein Fensterputzer. Ein anderer bietet Haushaltsartikel. Der nächste Zeitungen.

Pling: dreizehn Pesos achtzig. Grün, aber keiner fährt. Man könnte den Weg wahrscheinlich schneller zu Fuß bewältigen. Pling: Was heißt auf Spanisch: Ist der Taxameter amtlich geeicht? Pling. Die U-Bahn, nach dem Vorbild der Pariser Metro gebaut, würde im Ganzen nur einsfünfzig kosten. Und es ginge voran, ohne Loch im Krümmer. Neben dem Schalthebel: ein Kaktus im Topf. Kupplung, erster Gang, jetzt gilt's. Abgewürgt. Das Husten und Würgen des Starters. Pling: fünfzehndreißig. Täusche ich mich, oder hat das Gerät, das auch eine kleine CB-Funkstation sein könnte, zweimal hintereinander Pling gemacht?

Wir fahren: der Torre Latino-Americano mit seinen 42 Stockwerken und der Hydraulik für den Fall, dass die Erde mal wieder wackelt. Der Palast der Schönen Künste, er versinkt, fast dass man es mit bloßem Auge erkennen kann, im porösen Untergrund, genauso wie die große Kathedrale und alle anderen Gebäude, die viel zu schwer sind für diesen Boden. Pling. Habe ich die Nummernschilder vorn und hinten miteinander verglichen? Das Autoradio: bestimmt geklaut. Der deutsche Reiseführer: *Schauen Sie dem Fahrer ins Gesicht! Verlassen Sie sich außerdem auf die eigene Intuition!*

Paseo de la Reforma (Pling: zweiundzwanzigdreißig), wir stehen seit einer Viertelstunde. Vollgasprobe. Ein weiterer Fensterputzer beim Versuch, seine Dienste zu verkaufen. So viel verstehe ich: Diegos erster Käfer, 17 Jahre alt, vor zwei Jahren umgerüstet auf Bleifrei. Die Gebühren, die Steuern, die Reparaturen immer wieder. Hat er gesagt: Aber bald habe auch ich GPS?

Eine halbe Stunde gefahren. Pling. Und wir stehen noch immer.

Übrigens riechen auch mexikanische Käfer nach Käfer. Am Spiegel baumelt ein Kruzifix. Jetzt geht's wieder los. Erster Gang, zweiter Gang, Knall, dritter Gang, immerhin: Wir fahren. Pling: dreißig Pesos dreißig. Am El Angel, dem goldenen Engel in 30 Metern Höhe, rächt sich der Motor, wie es scheint, für das viele Vollgas. Er will ab sofort überhaupt kein

Gas mehr. Diegos Gesichtsausdruck dabei wie der eines beleidigten Kindes. Rechts ran. Warnblinker.

Mädchen wollen Rosen verkaufen. Ein weiterer Fensterputzer wittert die günstige Gelegenheit. Pling: fünfunddreißigachtzig. Er darf putzen. Denn der Motor resigniert. Kein Röhren und kein Knallen mehr, dafür einwandfreie Sicht nach vorn. Zu Fuß wären es von hier vielleicht noch zwanzig Minuten.

Doch Diego ist sich sicher: einen ganz kleinen Moment nur, es geht gleich weiter. Und ich höre es hinter mir, hinter der hochgeklappten Haube: Hämmern wie bei den Tischlern, ein Gurgeln und ein Blubbern, das Klingeln fallender Werkzeuge, einmal ein Zischen. Dann geht es weiter. Pling: vierundvierzigdreißig. Frage: Ob ich denn den Chapultepec Park schon richtig gesehen habe?

Auf Höhe des weltberühmten Anthropologischen Museums gibt der Motor endgültig seinen Geist auf. Diego scheint verzweifelt. Ein Telefonat vom nächsten öffentlichen Telefon: Die Pannenhilfe sei schon unterwegs.

Diego scheint wirklich verzweifelt: sein Auto, sein Reich, sein Einkommen. Wir wären fast am Ziel, den Rest kann ich laufen. Kein Problem. Die U-Bahn wäre tatsächlich viel schneller gewesen, vom Preis einmal abgesehen. Dabei will Diego jetzt kein Geld, nein, auf keinen Fall und auch nicht die Hälfte: sein Auto, sein Reich, seine Ehre. Nichts zu machen. Stattdessen ein Zettel, handgeschrieben: seine Telefonnummer. Falls ich ihm noch mal mein Vertrauen schenken wolle. Irgendwann. Er werde in den nächsten Tagen einen neuen Ausweis bekommen, das Bild sei ähnlicher. Denn ihm sei mein vergleichender

Blick durchaus aufgefallen. Nach einer halben Stunde kommen drei Pannenhelfer. Einer schaut hinten nach, zwei vorne. Und drinnen läuft immer noch der Taxameter. Ich gehe.

(2000)

Über den Autor

Lasse Bremsteller (né Dudde) wurde 1964 in Birmingham geboren, und wuchs in England, Schweden und Deutschland auf.

Er war erst Deutschland- und dann Skandinavien-Korrespondent, arbeitete anschließend viele Jahre als freier Journalist und Redakteur, unter anderem für die im Jahre 2002 eingestellte Hamburger Wochenzeitung *Die Woche*, die einst angesehene Zürcher Wochenzeitung *Die Weltwoche,* die heute eine Art Illustrierte ist, die Zeitschriften *mare* und *GEO* und *Spiegel-Online*. Er schrieb hauptsächlich über Politik und Gesellschaft, und verfasste nebenbei Reiseführer. Außerdem drehte Bremsteller Dokumentarfilme für das Fernsehen.

Bremsteller hat zwei erwachsene Kinder und lebt als freier Autor mit seiner Familie in Lübeck.

Was hat Ihnen an diesem Buch besonders gefallen, was weniger? Über ein Feedback würde sich der Autor freuen!

lbremsteller@yahoo.com